杉本敏夫 監修
最新・はじめて学ぶ社会福祉

障害者福祉

柿木志津江・清原 舞
編著

ミネルヴァ書房

シリーズ刊行によせて

この度，新たに「最新・はじめて学ぶ社会福祉」のシリーズが刊行されることになった。このシリーズは，もともと1998年に，当時岡山県立大学の教授であった故大島侑先生が監修されて「シリーズ・はじめて学ぶ社会福祉」として始まったものであった。当時，現監修者の杉本も岡山県立大学に勤務しており，一部の執筆と編集を担当した。そのような縁があって，その後，杉本が監修を引き継ぎ，2015年に「新・はじめて学ぶ社会福祉」のシリーズを刊行していただいた。

この度の新シリーズ刊行は，これまでの取り組みをベースに，ちょうど社会福祉士の新しく改正されたカリキュラムが始まることに対応して新しいシラバスにも配慮しつつ，これからの社会福祉について学べるように改訂し，内容の充実を図るものである。また，これまでのシリーズは社会福祉概論や老人福祉論といった社会福祉の中核に焦点を当てた構成をしていたが，今回のシリーズにおいては，いままで以上に社会福祉士の養成を意識して，社会学や心理学，社会福祉調査等の科目もシリーズに加えて充実を図っているのが特徴である。

なお，これまでの本シリーズの特徴は，①初心者にもわかりやすく社会福祉を説明する，②社会福祉士，精神保健福祉士，介護福祉士，保育士等の養成テキストとして活用できる，③専門職養成の教科書にとどまらないで社会福祉の本質を追究する，ということであった。この新しいシリーズでも，これらの特徴を継続することを各編集者にはお願いをしているので，これから社会福祉を学ぼうとしている人びとや学生は，そのような視点で社会福祉を学べるものと思う。

21世紀になり，社会福祉も「地域包括」や「自助，互助，共助，公助」といった考え方をベースにして展開が図られてきた。そのような流れの中で，社会福祉士や精神保健福祉士もソーシャルワーカーとしての働きを模索，展開してきたように思うし，ソーシャルワーカー養成も紆余曲折を経ながら今日に至ってきた。複雑多様化する生活問題の解決を，社会がソーシャルワーカーに期待する側面もますます強くなってきている。さらには，社会福祉の専門職である保育士や介護福祉士がソーシャルワークの視点をもって支援や援助を行い，社会福祉士や精神保健福祉士と連携や協働が必要な場面が増加している。それと同時に，社会福祉士や精神保健福祉士としての仕事を遂行するのに必要な知識や技術も複雑，高度化してきている。社会福祉士の養成教育の高度化が求められるのも当然である。

このまえがきを執筆しているのは，2021年１月である。世の中は新型コロナが蔓延しているまっただ中にある。新型コロナは人びとの生活を直撃して，生活の困難が拡大している。生活の困難に対応する制度が社会福祉の制度であり，それを中心となって担うのが社会福祉の専門職である。各専門職がどのような役割を果たすのかが問われているように思う。

新型コロナはいずれ終息するであろう。その時に，我々の社会や生活はどのような形になるのであろうか。人びとの意識はどのように変化しているのであろうか。また，そのような時代に社会福祉の専門職にはどのようなことが期待されるのであろうか。まだまだよくわからないのが本当であろうが，我々は社会福祉の立場でこれらをよく考えておくことも重要ではないかと思われる。

2021年１月

監修者　杉本敏夫

目　次

プロローグ

障害者福祉を学ぶにあたって

2021（令和３）年に社会福祉士・精神保健福祉士の養成カリキュラムが改正された。その改正は，社会保障審議会福祉部会福祉人材確保専門委員会が2018（平成30）年３月にとりまとめた「ソーシャルワーク専門職である社会福祉士に求められる役割等について」という報告書をふまえたものである。この報告書のなかに，以下のような記述がある（下線は筆者）。

> 地域共生社会の実現を推進し，新たな福祉ニーズに対応するためには，これらのソーシャルワーク機能の発揮が必要であり，ソーシャルワークの専門職である社会福祉士が，その役割を担っていけるような実践能力を習得する必要があることから，現行のカリキュラムを見直し，内容の充実を図っていく必要がある。

今，社会福祉においては「地域共生社会の実現」が掲げられている。地域共生社会とは，「制度・分野ごとの『縦割り』や『支え手』『受け手』という関係を超えて，地域住民や地域の多様な主体が参画し，人と人，人と資源が世代や分野を超えてつながることで，住民一人ひとりの暮らしと生きがい，地域をともに創っていく社会[(1)]」である。障害者基本法では，地域共生社会について「全ての国民が，障害の有無によつて分け隔てられることなく，相互に人格と個性を尊重し合いながら共生する社会」と説明している。障害者基本法における地域共生社会の説明は，「インクルージョン[(2)]」が強調されたものとなっている。

また，「これらのソーシャルワーク機能」とは，「複合化・複雑化した課題を受け止める多機関の協働による包括的な相談支援体制を構築するために求められるソーシャルワークの機能」及び「地域住民等が主体的に地域課題を把握し，解決を試みる体制を構築するために求められるソーシャルワークの機能」と説明されている。

このように新しいカリキュラムでは，地域共生社会の実現に向けてソーシャルワーク機能を発揮できるソーシャルワーカー養成が求められている。障害者福祉に関する科目の改正内容に触れておくと，「障害者に対する支援と障害者自立支援制度」から「障害者福祉」に変わり，これまでのカリキュラムの一科目であった「就労支援サービス」の障害者関連の内容も含むこととなった。

本書は新しい養成カリキュラムに対応している。特に，親亡き後の問題やきょうだいへの支援，コンフリクトといった，以前からの課題でもあったが，近年取り組みの必要性が強調されるようになってきた内容や，地域共生社会の実現に向けた内容を含めている。また，最終章である第11章では，事例をもとに障害者と家族等に対する支援の実際について学んでいただく。第１章から第10章で学んだことが実際の支援とどのように結びつくのか，イメージがしやすいものとなっている。

各章においては，冒頭でその章ではどのような点を意識して読めばよいか，キーワードをあげながら説明している。章末にはその章の内容について，さらに理解を深めることができるよう「学習課題」を設けているので，ぜひ取り組んでいただきたい。「コラム」では，その章の執筆者が事例や海外の障害者支援の動向を紹介したり，読者に向けたメッセージを寄せている。肩の力を抜いて読めるものになっているため，あわせてご一読いただきたい。

注

⑴ 厚生労働省「地域共生社会のポータルサイト」（https://www.mhlw.go.jp/kyouseisyakaiportal/　2022年３月30日閲覧）。

⑵ インクルージョンについては第２章参照。

第1章

障害とは

本章では，障害の基本的な考え方や，障害者の定義と特性について学ぶ。本章を読むと，障害の捉え方はひとつではなく，国や年代によって異なっていることがわかる。また，障害者の定義についても同様であり，法律などによって異なっていることに気づくだろう。そのため，障害の理解は難しいかもしれない。しかし，障害の捉え方や定義などの例をいくつか学ぶことで，一般的に考えられていることを理解できるようになる。まずは，本章を通して，後章を読むためにも，歴史的にどのように障害や障害者が捉えられ，変化してきたのかを学んでみよう。

1　障害とは何か

障害とは，何かを行うのに妨げとなる物事や，妨げがある状態を指し示す。一般的に，そのような文脈のなかで，手が動かない，歩くことができないなどの理由により，活動が妨げられる状態にある人を障害者と表現してきた。歴史上では，日本最古の書物である「古事記」において，イザナミ神とイザナギ神の最初の子どもは，身体が非常に柔らかく，3歳になっても歩くことができない障害のある乳幼児として書かれていた。その後の奈良時代には，「扶桑略記」によると聖武天皇の后であった光明皇后は病人や孤児の救済を目的とした悲田院や施薬院を設置しているが，ハンセン病患者とのかかわりも記されていることから，病などによる障害者にも支援したと考えられる。また，平安時代に入ると，絵巻物などにおいて琵琶を奏でる盲目の僧侶が琵琶法師として描かれるなど，多くはないが各種の書物において障害者の姿は描かれてきた。

このように描かれてきた障害者は，古くから現在に至るまで，さまざまな形で偏見や差別を受けてきた。偏見とは，客観的な根拠に基づかない偏った見方や考え方を指し，差別とは，物事の取り扱いにおいて不当に低く扱うことを指す。前述した「古事記」においても，イザナミ神とイザナギ神の最初の子どもは，葦舟に乗せて海に流されたと記されており，その後の様子は「古事記」では語られていない。また，光明皇后は病人・障害者などが差別を受けて，適切な世話や治療が受けられなかったからこそ，仏教の教えに基づき，これらの人々を救済する悲田院・施薬院を設置した。盲目である琵琶法師は，民衆からの偏見や差別により定住して職に就くことが難しいため，楽器を奏でながら旅をする僧侶として書物において描かれた。

これらのことから，古くから障害者には偏見がもたれ，差別が行われてきたことがわかる。しかし，これは過去の終わった出来事ではなく，現在においても学校や会社，地域社会などにおいてみられる。たとえば，障害者に対するイジメや虐待，地域で賃貸住居を見つける困難さや，就職の難しさなどがあげられる。だからこそ，これら現在もある障害者に対する偏見や差別を是正するために，後章で取り上げる，障害を理由とする差別の解消の推進に関する法律（障害者差別解消法）が2016（平成28）年から施行されており，現在もなお偏見や差別の解消に向けて取り組まれているのである。

2　障害分類の歴史

（1）ICD（国際疾病分類）

1853年に第1回国際統計会議において，世界で異なる死因分類に基準を示し，比較や集計できるようにすることを目的とした死因リストが提案された。その後も検討が重ねられ，1900年にパリで開かれた第1回国際会議において国際死因リストが採択された。それにより，現在の疾病及び関連保健問題の国際統計分類（International Statistical Classification of Diseases and Related Health Problems：ICD）の原型である ICD-1 が生まれた。ICD は約10年ごとに改訂されたが，

表1-1　ICD の歴史

1853年	第1回国際統計会議において死因リストが提案される。
1900年	第1回国際会議がパリで開かれ，ICD-1 が採択される。日本も ICD-1 を導入。
1948年	「国際疾病，傷害及び死因分類」として ICD-6 に改訂され，機能障害・盲・聾が補助分類として設けられる。
1990年	「疾病及び関連保健問題の国際統計分類」として ICD-10 に改訂され，さまざまな分野の統計利用が強調されるとともに，さらに疾病が追加される。
2022年	ICD-11 が正式に発効され，日本では国内適用に向けた準備が進められる。

出所：筆者作成。

その間，病院だけでなく軍やさまざまな医療関係部門においても利用されるようになることで，死因だけでなく，多様な病も含めた分類が必要となった。そのため，1948年の第6回 ICD 改訂では，死因だけでなく幅広い病が含められるようになり，機能障害・盲・聾が補助分類として追加された国際疾病，傷害及び死因分類（International Classification of Diseases, Injuries, and Causes of Death）が策定された。また，本分類は世界保健機関（WHO）の第1回世界保健総会においても報告され，各国において人口動態や医療統計なども整備するよう包括的な内容が勧告された。そして，1990年の改訂では，さらに多様な統計においても利用できるよう拡大された ICD-10 が採択され，日本では1995（平成7）年より適用されている（日本は ICD-1 から継続採用)。2018年には，WHO により性的健康やゲーム障害が追加された ICD-11 が公表され，2022年2月に ICD-11 が正式に発効された。日本では，2022（令和4）年3月現在は，厚生労働省や総務省などにおいて，ICD-11 の国内適用に向けた日本語訳などの作業が進められている。

（2）ICIDH（国際障害分類）

前項でみてきたように，1900年に ICD-1 が策定されて以降，ICD は徐々に利用分野と疾病を拡大させてきた。1948年の ICD-6 では，直接的な死因ではない疾病も含めるようになり，補助分類として機能障害・盲・聾が設けられた。この流れは，その後も引き継がれ，ICD には慢性疾患や外傷後遺症が追加さ

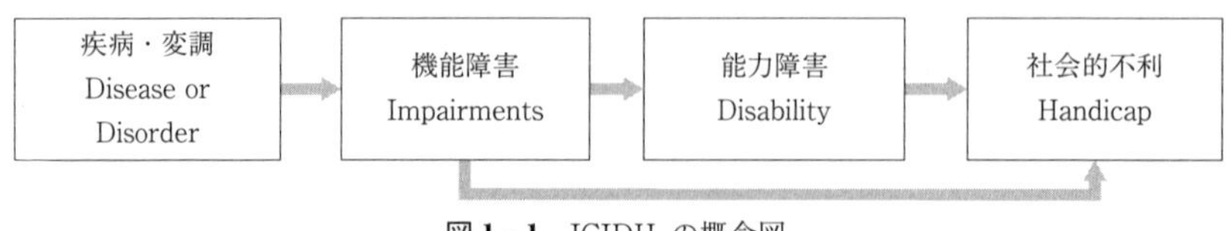

図1-1 ICIDH の概念図

出所：筆者作成。

れるようになり，これらの疾病が影響を与える心身機能や社会生活についても分類する必要性が生じた。また，カナダ協会とケベック委員会によって，高齢者や身体・知的・精神障害者，後天的な病気や事故による障害者などが，異なる政策によって対応されているため，統合的な政策が必要だと主張された。そのため，1970年代に入り WHO において，直接的な死因ではない障害の分類についても検討されるようになった。

その検討の結果，1975年の ICD-9 改訂会議において，ICD を補完する分類として機能障害と社会的不利が提案された。特に社会的不利については，国によって事情も異なるため，社会的不利は存在しないとして分類については反対する意見も多くあった。しかし，その後，1976年の第29回世界保健会議において，機能障害と社会的不利が取り上げられ，採択された。そして，さらに修正を加えて，1980年に国際障害分類試案（International Classification of Impairments, Disabilities and Handicaps：ICIDH）として出版されたのである。一般的に，国際障害分類（ICIDH）といわれるが，このとき WHO は各国の反発などをふまえて，試案として出版しており，各国で利用したうえで修正し，WHO 内で検討しながら，完成に近づけていくことをめざして試案として出版された。

ICIDH では，障害を３つの階層（機能障害・能力障害・社会的不利）に分けて示した（図1-1）。たとえば ICIDH によると，事故により脊髄が損傷することにより（疾病・変調），両足に麻痺が残り（機能障害），歩くことが難しくなることで（能力障害），外出の頻度が減ったり，階段などのバリアにより移動に困難が生じると考えることができる（社会的不利）。ICIDH は障害を３つの階層に分けて捉えた点において画期的であったが，「障害のマイナス面だけをみている」「環境的な影響を含めていない」「個人の悩みや苦しみを含めていない」などの批判がなされるようになった。そのため，ICIDH の改訂が検討されるようになり，ICF へとつながったのである。

（3）ICF（国際生活機能分類）

前項で述べたように，ICIDH はさまざまな障害者団体や専門家から批判されるようになり，1990年にフランスにおいて ICIDH 改訂会議が開かれた。その後，1992年にオランダでも改訂会議が開かれ，障害に対する環境の影響（環境因子）の序文を追加すること，児童や精神保健の分野においても国際障害分類の活用を促すこと，ICD との関係について整合性を図ることなどが決められた。

1993年の改訂会議では，今まで国際障害分類試案としていたものから試案を削除し，国際障害分類が WHO の公式な分類として定められた。その後も継続的に改訂会議は実施され，1997年にβ1案が作成され各国においてトライアルが行われた。1998年には東京において第6回の改訂会議が開かれたが，これはアジアではじめての開催であった。1999年からはβ2案のトライアルが実施され，さらに ICIDH は修正をされたうえで，2001年の第54回 WHO 総会において，ICIDH の改訂版が採択された。国際生活機能分類（International Classification of Functioning, Disability and Health：ICF）の誕生である。

ICF は健康状態と生活機能（心身機能・身体構造，活動，参加），それに影響を与える背景因子（環境因子・個人因子）によって構成される（図1-2）。ICF によると，たとえば，事故により両足が麻痺しており（健康状態），認知機能に異常はないが脊髄は損傷（心身機能・身体構造），食事はひとりで食べられるが入浴や移動には介助が必要（活動），会社は休職のため出勤していない（参加）と捉えることができる。また，環境因子については，入院している病院では個室を利用しており（環境因子），好きな映画を見ている（個人因子）などがあげられる。そして，これらの各項目は，相互に影響を与えている。

ICF では，ICIDH に対する批判をふまえて多くの箇所が修正されているが，大きく分けると次の3点があげられる。

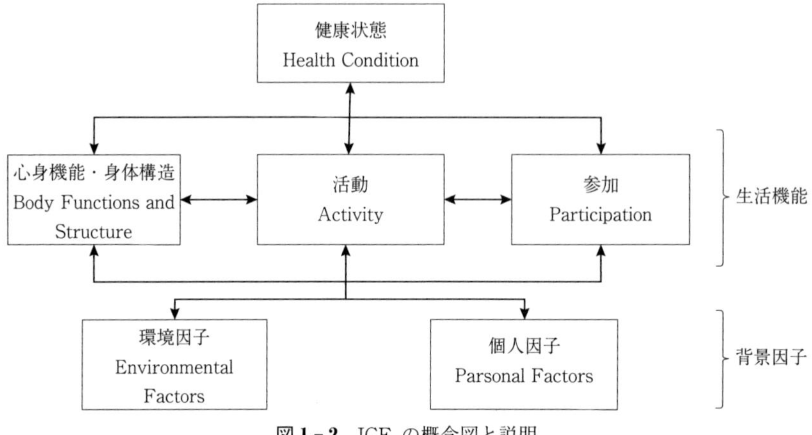

図1-2 ICF の概念図と説明

出所：筆者作成。

① 健康状態

病気，疾患，肥満や妊娠，ストレスなど身体の状態。（例：リウマチ，高血圧）

② 心身機能・身体構造

身体と心の機能。身体の解剖学的部分。（例：胸椎損傷。精神的に安定している）

③ 活動

食事や衣服の着脱，入浴，移動などの生活行為。（例：杖を使用して歩くことができる）

④ 参加

人生や生活におけるさまざまな場面への参加。（例：デイサービスに通っている）

⑤ 環境因子

人を取り巻く物的・人的・社会的・制度的なもの。（例：アパートにエレベーターがない）

⑥ 個人因子

年齢や性格，趣味など個人の特徴。（例：身長158cm，漫画が好き）

第一に，概念の名称がプラスまたは中立的な表現に変えられた点があげられる。たとえば，疾病・変調（Disease or Disorder）が，健康状態（Health Condition）に変えられ，病気や疾患だけではなく，肥満や妊娠，ストレスなどの状態も含められた。また，同様に，機能障害（Impairments）は心身機能・身体構造（Body Functions and Structure）へ，能力障害（Disability）は活動（Activity）へ，社会的不利（Handicap）は参加（Participation）へと変えられた。

第二に，背景因子として環境因子・個人因子が導入された点があげられる。ICIDH では，身体的な疾患とそれに基づく社会的不利が障害を生み出すと考えられたが，ICF では直接的な疾患だけでなく，その人を取り巻く，物的・人的・社会制度的な環境が障害の発生にはかかわっていることを示している。たとえば，物的な面では段差や建築物の構造がその人の活動や参加に影響を与えること，人的な面では家族の態度やかかわり方がその人の活動や参加に影響を与えることなどが考えられる。個人因子は，その人の年齢や性格など，個人的な特徴を指し，これらの個人因子も生活機能に影響を与えていると考えられている。

第三に，障害の概念図において各要素間に相互作用の矢印が導入された点があげられる。ICIDH の概念図では矢印が用いられており，たとえば，事故による脊髄損傷によって→両足の麻痺が引き起こされ→それにより外出に困難がともなうという一方通行の関係にあるようにみえた。1980年に WHO によって出版された国際障害分類試案（ICIDH）では，障害は概念図に示したように決して一直線的に進むものではなく，もっと複雑であると述べられてはいる。しかし，この記述は見落とされがちであり，一方向の矢印によって示された概念図を用いて，ICIDH では障害を疾患に基づいた一方向的な考えであると誤解されやすい。そのため，ICF では，障害は一方向的なものではないことを明確に本文に記述し，概念図においても両方向の矢印を用いて示した。

3　障害者の定義と特性

（1）身体障害者

身体障害者については，身体障害者福祉法の第４条において「この法律において，『身体障害者』とは，別表に掲げる身体上の障害がある18歳以上の者であつて，都道府県知事から身体障害者手帳の交付を受けたものをいう」と定められている。別表では，縦軸として，障害の程度が最も重い１級から７級まで定められており，横軸では，障害の種類として「視覚障害」「聴覚又は平衡機能の障害」「音声機能，言語機能又は咀嚼（そしゃく）機能の障害」「肢体不自由」「心臓，じん臓若しくは呼吸器又はぼうこう若しくは直腸，小腸，ヒト免疫不全ウイルスによる免疫若しくは肝臓の機能の障害」（ルビは筆者）が定められている。この基準で示されたように，身体上の障害は多岐にわたり，障害の種類によって特性も異なる。たとえば，以下のような内容があげられる。

① 視覚障害の例
- 視力障害：まったく見えない全盲・視力が弱い弱視。
- 視野障害：見える部分が限定され，半分しか見えない，中心しか見えないなど。
- 色覚障害：すべて同じ色に見える，数色だけ判別できないなど。
- 生活での困り事：視覚情報が得られない・得にくいため，文字が読めなかったり，はじめての場所ではひとりでの移動が難しかったりする。

② 聴覚障害の例
- 伝音性難聴：常に音が聞こえにくい。補聴器を利用すれば音が聞こえる。
- 感音性難聴：神経障害により，高音域が聞こえにくく，複数の音を聞いた場合に聞き分けが難しい。補聴器を利用しても聞こえにくい。
- 混合性難聴：伝音性難聴と感音性難聴の混合型。
- 生活での困り事：日常会話で相手の発している言葉がわからない。背後から話しかけられたり，背後から車が近づいてきてもわからない。

③ 音声・言語・咀嚼障害の例
- 発声障害：声帯異常により，声が出しにくくなったり，声の質が悪くなる。
- 構音障害：発声には，咽頭・口腔・鼻腔などを使用しているが，この部分に異常があることで言葉をつくることが難しい。
- 嚥下障害：病気などにより舌や喉の動きが悪くなることで，食物をうまく飲み込めなくなる。
- 生活での困り事：言葉をうまく発声することができず，相手との会話が難しい。食物がうまく飲み込めず，栄養が摂取できない。

④ 肢体不自由の例
- 上肢障害：肩関節・肘関節・手関節までの関節と手指の部分の機能に障害がある。
- 下肢障害：股関節より下の部分である太腿や足の機能に障害がある。
- 体幹障害：頭と手足を除いた胴体の部分の機能に障害がある。
- 運動機能障害：脳性麻痺に代表されるような，乳幼児期以前に発現した非進行性脳病変による運動障害。
- 生活での困り事：歩いたり，手を動かしたりするなどの動作が難しい。障害が重複する場合も多く，手足が意思と関係なく動き，発語が難しく，車椅子を利用していることもある。
⑤　内部障害の例
- 心臓，じん臓，呼吸器，肝臓，膀胱，直腸，小腸，免疫機能に障害が生じている。
- 生活での困り事：身体の臓器など内部に障害があるため外見からはわかりづらく，周囲から理解を得にくい。そのため，助けを求めにくい。

（2）知的障害者

知的障害の定義は明確にはされておらず，知的障害者福祉法では知的障害者の定義を設けていない。厚生労働省が2000（平成12）年と2005（平成17）年に実施した「知的障害児（者）基礎調査」では，知的障害とは「知的機能の障害が発達期（おおむね18歳まで）にあらわれ，日常生活に支障が生じているため，何らかの特別の援助を必要とする状態にあるもの」としている。そして，知的障害の判断基準としては，以下の通りであった[(1)]。

①「知的機能の障害」について
標準化された知能検査（ウェクスラーによるもの，ビネーによるものなど）によって測定された結果，知能指数がおおむね70までのもの。
②「日常生活能力」について
日常生活能力（自立機能，運動機能，意思交換，探索操作，移動，生活文化，職業等）の到達水準が総合的に同年齢の日常生活能力水準のいずれかに該当するもの。

しかし，上記を用いて厚生労働省が実施していた「知的障害児（者）基礎調査」は，現在は身体障害児（者）実態調査と統合され，障害者手帳所持者，難病等患者及びこれまで法律制度では支援の対象とならないが，長引く病気やけが等により生活のしづらさがある者を対象とした「生活のしづらさなどに関する調査（全国在宅障害児・者等実態調査）」へと変更されている。知的障害者に交付される療育手帳については，詳細は後章において述べるが，知的障害の程度として重度（A）とそれ以外（B）に区分されている。

このように，現在の日本においては明確には知的障害は定義づけられていないため，世界の例をみてみると，前節で述べたICD-10では知的障害は「精神発達の停止，あるいは不完全な状態であり，とりわけ，全体的な知識水準に寄与する認知，言語，運動及び社会的能力などの技能が成長期を通じて損なわれている状態を特徴としている。遅滞は他の精神的あるいは身体的な病態を伴うことも伴わないこともある」とされている。そして，以下のように６種類に分類されている[(2)]。

> ①　軽度知的障害
>
> およそ IQ50から69（成人の場合，精神年齢９歳から12歳未満）。学校でいくつかの学習困難をきたしやすい。多くの成人は働くことができ，社会的関係がよく保たれ，社会へ貢献する。
>
> ②　中等度知的障害
>
> およそ IQ35から49（成人の場合，精神年齢６歳から９歳未満）。小児期には著明な発達の遅れをきたしやすいが，多くの者は，自分の身の回りのことをある程度できるようになり，他人とのコミュニケーションができ，型にはまった技術を行える。成人は，社会で生活したり働いたりするために，さまざまな程度の援助を必要とする。
>
> ③　重度知的障害
>
> およそ IQ20から34（成人の場合，精神年齢３歳から６歳未満）。援助の持続的な必要をきたしやすい。
>
> ④　最重度知的障害
>
> IQ20未満（成人の場合，精神年齢３歳未満）。自分の身の回りのこと，排泄抑制力，コミュニケーション及び運動において，重度の制限をきたす。
>
> ⑤　その他の知的障害
>
> 視覚・聴覚・身体障害などにより，通常の知的検査ができない場合に使用する。
>
> ⑥　詳細不明の知的障害
>
> 知的障害であることは明確であるが，上記に分類するための情報が十分に得られない場合に使用する。

（３）精神障害者

精神障害者については，精神保健及び精神障害者福祉に関する法律の第５条において，「この法律で『精神障害者』とは，統合失調症，精神作用物質による急性中毒又はその依存症，知的障害，精神病質その他の精神疾患を有する者をいう」と定められている。また，障害者基本法第２条では，精神障害を含めた「障害者」の定義として「身体障害，知的障害，精神障害（発達障害を含む。）

その他の心身の機能の障害（以下「障害」と総称する。）がある者であつて，障害及び社会的障壁により継続的に日常生活又は社会生活に相当な制限を受ける状態にあるもの」と定めている。よって，法律によって，精神障害者の定義には多少の異なりがみられる。精神障害については厚生労働省の「障害者差別解消法福祉事業者向けガイドライン」（2015（平成27）年）[(3)]によると，以下の通りである。

① 統合失調症

- 発症の原因はよくわかっていないが，100人に１人弱かかる，比較的一般的な病気である。
- 「幻覚」や「妄想」が特徴的な症状だが，その他にもさまざまな生活のしづらさが障害としてあらわれることが知られている。
- 陽性症状

幻覚：実態がなく他人には認識できないが，本人には感じ取れる感覚のこと。自分の悪口やうわさ，指図する声などが聞こえる幻聴が多い。

妄想：明らかに誤った内容を信じてしまい，周りが訂正しようとしても受け入れられない考えのこと。だれかにいやがらせをされているという被害妄想，周囲のことが何でも自分に関係しているように思える関係妄想などがある。

- 陰性症状：意欲が低下し以前からの趣味や楽しみにしていたことに興味を示さなくなる，疲れやすく集中力が保てず人づきあいを避けひきこもりがちになる，入浴や着替えなど清潔を保つことが苦手となるなど。
- 認知や行動の障害：考えがまとまりにくく何が言いたいのかわからなくなる，相手の話の内容がつかめず周囲にうまく合わせることが難しいなど。

② 気分障害

- 気分の波が主な症状としてあらわれる病気。うつ状態のみを認めるときはうつ病と呼び，うつ状態と躁状態を繰り返す場合には，双極性障害（躁うつ病）と呼ぶ。
- うつ状態では気持ちが強く落ち込み，何事にもやる気が出ない，疲れやすい，考えが働かない，自分が価値のない人間のように思える，死ぬことばかり考えてしまい実行に移そうとするなどの症状が出る。
- 躁状態では気持ちが過剰に高揚し，普段ならあり得ないような浪費をしたり，ほとんど眠らずに働き続けたりする。その一方で，ちょっとしたことにも敏感に反応し，他人に対して怒りっぽくなったり，自分は何でもできると思い込んで人の話を聞かなくなったりする。

③　依存症（アルコール）

- 飲酒したいという強い欲求がコントロールできず，過剰に飲酒したり，昼夜問わず飲酒したりすることで身体的，社会生活上のさまざまな問題が生じる。
- 体がアルコールに慣れることで，アルコールが体から抜けると，発汗，頻脈，手の震え，不安，イライラなどの離脱症状が出る。
- 一念発起して断酒しようとしても，離脱症状の不快感や，日常生活での不安感から逃れるために，また飲んでしまう。

④　てんかん

- 何らかの原因で，一時的に脳の一部が過剰に興奮することにより，発作が起きる。
- 発作には，けいれんを伴うもの，突然意識を失うもの，意識はあるが認知の変化を伴うものなど，さまざまなタイプのものがある。

⑤　認知症

- 認知症とは，単一の病名ではなく，種々の原因となる疾患により記憶障害など認知機能が低下し，生活に支障が出ている状態である。
- 原因となる主な疾患として，アルツハイマー型認知症，血管性認知症，レビー小体型認知症，前頭側頭型認知症（ピック病など）がある。
- 認知機能の障害の他に，行動・心理症状（BPSD）と呼ばれる症状（徘徊，不穏，興奮，幻覚，妄想など）がある。

（4）発達障害者

発達障害は，発達障害者支援法第2条によると，「自閉症，アスペルガー症候群その他の広汎性発達障害，学習障害，注意欠陥多動性障害その他これに類する脳機能の障害であってその症状が通常低年齢において発現するもの」と定められている。また，発達障害者については，「発達障害がある者であって発達障害及び社会的障壁により日常生活又は社会生活に制限を受けるものをいい，『発達障害児』とは，発達障害者のうち18歳未満のものをいう」とされている。

発達障害者支援法は2004（平成16）年に制定されており，他の障害者関係法律と比較すると制定は遅く，近年に制定された障害者の法律のひとつといえる。近年まで発達障害者支援法が定められなかった背景としては，それまで発達障害の症状である，多動・衝動・不注意などの発現は，本人の性格のひとつであり，器質的要因と関連づけて考えられることはなかったことがあげられる。しかしながら，科学の発達により，少しずつ何らかの原因により正常な神経発達が阻害されたことにより，多動などの症状が発生する場合があることが明らかになってきた。治療薬も開発されるようになり，一部ではあるが効果が確認されている。このように神経との関連が確認され，治療薬も開発されることで，社会的に障害のひとつとして考えられるようになり，発達障害者支援法の制定へと結びついた。発達障害については，まだ解明されていない部分も多いが，以下のような内容があげられる。

①　自閉症スペクトラム障害
- 他者の表情や行動から気持ちを読み取ることが難しい。
- 乳幼児期に言葉の習得が同年齢と比較すると遅い。
- 好きなことは集中して取り組むが，興味のないことは取り組むのが難しい。

②　学習障害
- 知的発達に遅れはないが，聞く・話す・読む・書く・計算する・推論することが難しい。
- 読字障害：文字を読むことが苦手。飛ばし読み，小さい文字の理解が難しい。
- 書字障害：文字を書くことが苦手。文字を書き写せない。
- 算数障害：数字が苦手であり，考えて推論ができない。数の違いの理解が難しい。

③　注意欠陥・多動性障害
- 不注意：気が散りやすく，集中して取り組めない。
- 多動：落ち着いて座っていることが難しい。
- 衝動：自分の気持が抑えられず，他者の邪魔をしたり，話に割り込んだりする。

④　その他の発達障害
- チック：自分の意思と関係なく，急に発声したり，動いたりする。
- 吃音：特定の言葉を繰り返したり，発声がなかなかできなかったりする。

注

(1)　厚生労働省（2005）「知的障害児（者）基礎調査」の養護の解説から一部抜粋。

(2)　厚生労働省「疾病，傷害及び死因の統計分類」から一部抜粋（平成27年2月13日総務省告示第35号。令和3年4月19日総務省告示第159号一部改正）。⑤⑥の説明は筆者追加。

(3)　厚生労働省「障害者差別解消法福祉事業者向けガイドライン」（2015年11月厚生労働大臣決定）から一部抜粋。

学習課題

① ICF が ICIDH と異なる点として，3点を考えてみよう。

② 知的障害者の生活上の困り事をまとめてみよう。

コラム　障害者福祉を学んで活きていること

私が大学生の頃,「障害者福祉論」の授業を履修し，障害者施設へ実習に行った。また，障害者施設でアルバイトをしたり，ボランティアを行ったりもした。自分の知らない生活や生き方を教えてもらい，自分自身の視野が広がったと感じていた。

それから，20年ほどが経過し，その間，自分自身にもさまざまな変化があった。たとえば，橋本病や関節リウマチになったことがあげられる。橋本病では，疲れやすくなったり，全身がむくんだりする。関節リウマチでは，全身の関節が徐々に破壊されていく。ともに原因は不明で，対症療法が主な治療となる。

橋本病は定期的に血液検査をして，対処しながら悪化を防いでいる。関節リウマチは，診断名がつくまでに苦労した。全身の関節が痛むという症状から自分でリウマチだろうと当たりをつけて，リウマチ科を受診しても，検査上は異常が見つけられず，治療は受けられなかった。さまざまな関節がさらに痛むようになり，時には激痛で指一本動かせず，仕事を休むこともあった。しかし，相変わらず検査上の異常は見つけられなかった。いっそのこと早く進行して重度化し，診断名をつけてくれないかと思った。そのとき，難病の人が，よく診断名がつかず苦労し，精神的にも落ち込むという話を思い出した。私はひとり暮らしのため，症状が重いときは食事をとることができなかったり，トイレにもなかなか行けなかったりと，落ち込むこともあった。しかし，今まで学んだことや，出会ったさまざまな障害のある友人・知人から聞いた同じような話を思い出すことで，少しずつ自分なりに対応できるようになり，気持ちは変化した。

現在は診断名がつき，安定した生活を送ることができるようになった。症状は少しずつ進行し，右手の指は3本が動かせなくなった。両手の指に力が入れられず，ペットボトルの蓋を開けられなくなった。自動販売機で，おつりのレバーが回せなくなった。パソコンのキーが打ちにくくなった。しかし，毎日，楽しく生きている。先輩たちの背中を見ながら，教えてもらいながら，生きている。今まで，知らず知らずのうちに，教えてもらっていたことが私のなかで活きている。それが，とてもありがたい。

第2章

障害者福祉の基本理念

理念は政策・法制度の根幹となるものである。また，その理念が実践につながっていく。本章を通して，主な基本理念の概要を理解することが重要である。そして理念は，障害者が社会から排除されてきた歴史のなかで，障害当事者たちが，ひとりの人間として当たり前に生きるために勝ちとってきたものでもあることを強調したい。

1　障害観の変遷と基本理念

（1）障害観の変遷

日本の神話や古い伝承文学のなかに，障害者を思わせる記述が存在する。第1章で学んだように，「古事記」「日本書紀」にも障害児あるいは障害者を思わせる記述が存在し，七福神の神様は障害者であったともいわれる。また，障害のある子どもが生まれるとその家が栄えるという信仰も各地で存在し，昔の人たちは自分たちと異なる存在に対する畏怖の念が強かったと思われる[(1)]。一方で，「かたわ」など障害者を蔑視する言葉が存在していたり，障害のある子どもが生まれると人目につかないように隠したり，山に捨てるなど社会から排除してきた歴史もある。そしてしだいに，障害に対する社会の見方（障害観）は，障害者を「かわいそうな人」や，「保護の対象」「何もできない人」というように，偏った見方で捉えるようになっていく。

このように障害者を社会から排除することは，障害のある子どもを産むのは悪であるとし，能力のない人間は排除してしまおうとする，いわゆる優生思想にいきつく。優生思想は19世紀後半から欧米諸国で発展し，日本では1920年代頃の戦時体制のなかで，政策として取り入れられてきた。そして，旧優生保護法（1948（昭和23）年～1996（平成８）年）のもとで，障害者本人の意思に関係なく，子どもを産めないように不妊手術を行うことが合法的なものとして認められていた[(2)]。

現在，優生思想は各国で批判され，日本でも旧優生保護法のもとで不妊手術を強制された人たちによって，国を訴えた裁判が各地で起こされている。そしてこの法律が憲法に違反すると判断したうえで，国に賠償を命じる判決も出てきた[(3)]。

しかし，障害者に対する偏見や差別，皆と違うことに対する排除の考えは完全にはなくなっていない。「障害」の漢字も差別的であるという指摘もある。また，優生思想は完全に消えてはいない。現在，医学の発達により，遺伝子レベルの検査や生まれる前に障害や疾病の有無もわかる出生前診断が優生思想を認めているとの意見もある。障害があるとわかれば，人工中絶する場合もあり，障害の有無により命の選別を行っているからである。知る権利や選ぶ権利があるという意見もあるだろうが，結果的に，優生思想とつながっていることを強調しておきたい。私たちの，心のどこかで障害があるから不幸と決めつける価値観は，優生思想と共通しているといえるだろう[(4)]。

（２）人間としての尊厳

私たちはだれもが人として尊重される権利がある。世界人権宣言（1948年）では，第１条に「すべての人間は，生れながらにして自由であり，かつ，尊厳と権利とについて平等である」と規定されている。これは，すべての人々がもっている市民的，政治的，経済的，社会的，文化的分野にわたる多くの権利を示したものである[(5)]。

また，障害者の権利に関する条約（障害者権利条約）（2006年）においては，世界人権宣言を基本とし，「この条約は，全ての障害者によるあらゆる人権及び基本的自由の完全かつ平等な享有を促進し，保護し，及び確保すること並びに障害者の固有の尊厳の尊重を促進することを目的とする」と第１条に規定されている。[6]

この普遍的な，だれもがひとりの人間として尊重されるということは，すべての人にとって当たり前のことであり，社会福祉の理念の核となるものである。私たちが当たり前に自分自身の人生の選択をするように，障害者も同じひとりの人間として，あらゆる権利を保障されなければならず，障害を理由に差別や不当な扱いを受けるようなことがあってはならない。難しく考えるものではなく，私たちが生きていくうえで，基本となるものであると考えてほしい。さまざまな福祉の法律・制度やサービス，支援において，ひとりの人間として生きる権利は重要な意味をもつ。また，障害者を排除しない社会をつくりあげていくなかで，必須であるということを忘れてはならない。

2　ノーマライゼーション理念

（1）ノーマライゼーション理念が誕生した経緯

19世紀から20世紀にかけて，多くの国で，障害者を保護するという名目のもと，人里離れた場所に入所施設がつくられてきた。福祉国家といわれる北欧も例外ではなかった。障害者本人や家族の意思とは関係なく，施設に入所させるのが当時の社会では当たり前だった。施設環境も劣悪で，数千人単位で収容する施設もあった。また，強制不妊手術を無差別に行うなど非人道的な処遇だった。このような状況のなか，障害のある子どもをもつ親たちは，入所施設で生活している我が子を思い，入所施設の対応について改善していこうという願いが高まっていったのである。

デンマークでは，1951年から1952年にかけて知的障害者の親の会が発足した。この親の会の，子どもがごく当たり前に生きる権利を求めた思いがノーマライゼーション理念へと続くきっかけとなる。1953年，社会省に，入所施設の改革，施設の小規模化，施設を隔離された場所ではなく地域のなかにつくること，相談支援と経済支援の充実，教育を受ける権利の保障，障害当事者の意思の尊重，不服申し立ての権利などが親の会の要望として提出された。[7]

（2）バンク＝ミケルセンのノーマライゼーション理念

前述した親の会の要望を受ける立場にあったのが，当時の社会省の行政官でもあり，知的障害者に関する福祉政策委員会の委員長でもあったバンク＝ミケルセン（N. E. Bank-Mikkelsen）であった。バンク＝ミケルセンは，第二次世界大戦中，デンマークに侵攻してきたドイツ軍により強制収容所に収容された自分自身の体験から，知的障害者の親たちの願いに共感した。

そこで，知的障害があっても，ひとりの人格をもつものであり，ノーマルな人々と同じように生活する権利をもつ人間であるという考えを盛り込んだ法案が議会に上程され，1959年に，デンマーク知的障害者福祉法（以下，1959年法）が成立した[(8)]。

バンク＝ミケルセンはノーマライゼーション理念を「すべての人が当然もっている通常の生活を送る権利をできる限り保障する，という目標を一言で表したもの」であり，「ノーマライズするというのは，生活条件のこと」と定義づけている。つまり，障害者を同じ人間として受け入れ，その生活条件を障害のない人が送っている生活条件に可能な限り近づけることを意味するもので，障害者を正常（ノーマル）にすることではない。障害者の教育を受ける権利，働く権利，余暇を楽しむ権利，社会参加する権利，恋愛や結婚する権利，福祉サービスを受ける権利などを保障することを意味していた。バンク＝ミケルセンのノーマライゼーション理念は平等性や権利性を強調し，この理念を普遍的なものにしていった[(9)]。

バンク＝ミケルセンは，ノーマライゼーション理念は難解な哲学ではないとし，「ごく当たり前のこと，ごく当たり前の考え方で，もし自分がその立場になったらどうあってほしいかを考えれば，そこから自然に導き出される答え」と述べている[(10)]。そのように考えると，この理念が特別なものではなく人間だれもがもつ権利に通ずることがわかるだろう。

（3）ニイリエのノーマライゼーション理念

スウェーデンでは，1961年，スウェーデン全国知的障害者協会（FUB）の事務局長を務めていたニイリエ（B. Nirje）が知的障害者の支援やサービスについ

表２－１　ニイリエのノーマライゼーション理念の８つの側面（1969年版の８つの側面を1993年版でさらに整理したもの）

①　一日のノーマルなリズム（起床から就寝に至るまでの生活リズムの保障）
②　一週間のノーマルなリズム（一週間の生活リズムの保障。就学，就労，余暇活動などを保障）
③　一年間のノーマルなリズム（家族旅行，休暇，お正月・クリスマスなどのイベントなど通常のサイクルでの体験の保障）
④　ライフサイクルにおけるノーマルな発達経験（幼児期から老齢期に至るまで年相応の経験や体験の機会の保障）
⑤　ノーマルな個人の尊厳と自己決定権（本人の自己決定権の尊重）
⑥　その文化におけるノーマルな性的関係（その社会において男女が当たり前に存在し，恋愛や結婚も可能な生活の保障）
⑦　その文化におけるノーマルな経済的水準とそれを得る権利（所得や経済の保障）
⑧　その地域におけるノーマルな環境形態と水準（その社会において，バリアフリーな環境やアクセスしやすい環境の保障）

出所：河東田博（2009）『ノーマライゼーション原理とは何か——人権と共生の原理の探究』現代書館，67頁をもとに筆者作成。（　）内は筆者が加筆。

て具体的な対応を検討していた。ニイリエがデンマークの「1959年法」に出会ったのは1963年であった。その後，1967年，アメリカの入所施設を訪問し，実態を直視したニイリエは，痛烈な批判を通して，自国のスウェーデンをはじめとする各国の入所施設の課題を指摘しようとした。

1969年にアメリカの知的障害者についての大統領委員会報告書のなかで示されたニイリエのノーマライゼーションの理念は，デンマークの「1959年法」で示された抽象的なものではなく，概念として確立されたものであった。ニイリエは，「社会の主流となっている規範や形態にできるだけ近い，日常生活の条件を知的障害者が得られるようにすること」（1969年）として，表２－１のような８つの側面を提示した。

その後，ニイリエのノーマライゼーションの定義も最終的には，「彼らがいる地域社会や文化の中でごく普通の生活環境や生活方法にできる限り近い，もしくは全く同じ生活形態や毎日の生活状況を得られるように，権利を行使すること」（1993年）というように，「近づける」というものではなく，障害の有無に関係なく，共生的な意味をもつものへと変化していった。ニイリエのノーマライゼーション理念は，平等理念に基づき，世界の社会福祉や知的障害者に対する見方にも大きく影響を与えた。[11]

（４）ヴォルフェンスベルガーのノーマライゼーション

ドイツで生まれたヴォルフェンスベルガー（W. Wolfensberger）は，第二次世界大戦後，アメリカに移住し，ネブラスカ州ノーフォルク州立入所施設で１年間臨床心理のインターンをした。その経験が，ノーマライゼーション理念へと向かわせるきっかけとなった。その後，ヴォルフェンスベルガーは，ネブラスカ州オハマ地区で，知的障害者処遇に直接かかわるとともに，ネブラスカ州の障害者の脱施設化のために先駆的な取り組みに関与した。

1969年，ヴォルフェンスベルガーは，全米知的障害者育成会の会長の示唆を受け，バンク＝ミケルセンとともにストックホルムを訪問し，ニイリエと過ごし，スウェーデンやデンマークの入所施設を視察した。そしてノーマライゼーション理念に感銘を受けながらも，批判を抱いてアメリカに帰国した。入所施設の解体をめざすヴォルフェンスベルガーからみると，北欧は入所施設を廃止するというよりは，その生活環境を改善し，より家庭的な施設にするだけの，なまぬるいものに映ったようだった。

ヴォルフェンスベルガーは帰国するなり，ニイリエのノーマライゼーションの定義を見直そうとし，再考を重ねた。1972年，『対人サービスにおけるノーマライゼーション原理』のなかで，障害者に限定しない，対人サービス全般に広く適用できるように，「可能な限り文化的に規範となっている手段を利用することで，可能な限り文化的に規範とされる個人の行動や特徴を確立したり，維持する」と定義した。ヴォルフェンスベルガーのノーマライゼーション理念の特徴は，北欧の普遍的な博愛主義や平等主義の考えとは異なり，障害者を「逸脱」とみなす人たちの意識を変革すること（障害観の変革）を通して達成できるとした。

ヴォルフェンスベルガーは，ノーマライゼーション理念をイデオロギーの意識化や逸脱概念の強調によって，刺激的に表現した。また，福祉サービス評価のための具体的な評価法やトレーニングの仕方を示すことなどを行った結果，理想と現実のギャップに悩んでいた関係者の心をつかんでいった。「逸脱」などの言葉に批判も少なくはないが，北米の障害者福祉の発展に大きな影響を与えた。[12]

（5）ノーマライゼーション理念の広がり

ノーマライゼーション理念は，その後，普遍的なものとして，国際社会でも知られるようになり，しだいに知的障害者のみならず，障害者全般に対して，無差別平等の原理として広まっていった。理念は，1971年，国連の「知的障害者の権利宣言」に，そして，1975年の「障害者の権利宣言」に引き継がれていった。その後，1981年の「国際障害者年」において，「完全参加と平等」をテーマに受け継がれ，2006年の「障害者の権利に関する条約（障害者権利条約）」へとつながっていく。

日本には，「国際障害者年」以降，広く紹介されるようになり，障害者に限らず社会福祉の基本理念として受け継がれている。

3　リハビリテーションの理念

リハビリテーションは，医学的リハビリテーション，教育的リハビリテーション，職業的リハビリテーション，社会的リハビリテーションの主要４分野から構成され，各分野の専門職者によるチームアプローチにより，総合的な実施が効率的であるとされている。しかし，もともとは，医学的用語ではなく，中世ヨーロッパでは，この言葉は，領主や教会から破門されていた者が許されて復権することを意味していた。

この「リハビリテーション」という言葉が身体障害者を中心に使われだしたのが，第一次世界大戦中であった。特にアメリカでは，多くの負傷した軍人の身体的回復をめざし，いずれ職業に復帰し，再び納税してもらうという考えから発展した。障害者の社会復帰をめざす，職業的リハビリテーションの考えである。

第二次世界大戦を契機に，社会復帰への基礎としての身体的・精神的な回復を図る医学的リハビリテーションが発展していく。1942年，アメリカ全国リハビリテーション評議会が開催され，その翌年，リハビリテーションを「障害者が身体的・心理的・社会的・職業的・経済的有用性を最大限に回復すること」と定義づけているが，職業的リハビリテーションの影響を大きく受けていることがわかる[13]。

その後，リハビリテーション理念は，全世界に広まっていく。国連総会では，1983年から1992年の10年間を「国連・障害者の十年」と定め，1982年，「障害者世界行動計画」を定めた。そこでリハビリテーションを「身体的，精神的，かつまた社会的に最も適した機能水準の達成を可能とすることによって，各個人が自らの人生を変革していくための手段を提供していくことを目指し，かつ時間を限定したプロセスである」と定義づけた。この定義において，これまでのリハビリテーションは専門職主導の「医学モデル」が中心であったが，障害当事者の主体性を尊重した「生活モデル」へと変化していることがわかる[14]。

一方，リハビリテーションは，重度の障害者にとって，当事者の意思を無視するような形であったと批判も多かった。専門職主導となり，社会復帰できなかった重度の障害者を切り捨てることになりかねないからである。次節の自立生活運動にもつながってくるが，重度の障害があっても社会参加が可能であるという意味に，少しずつリハビリテーション理念にも広がりが出てきた。

日本においても1993（平成５）年，障害者対策推進本部「障害者対策に関する新長期計画」のなかで，リハビリテーションについて，「障害者の自立自助を援助し，全人間的復権を目指す医学的，心理学的及び社会的な総合的対応として，全ライフステージにおいて，それぞれの時期における異なるニーズに対応する必要があること。また，地域に密着したリハビリテーションの実施体制を一層充実させること」と言及されている[15]。

時代や社会背景とともにリハビリテーションの定義は変化しつつあるが，その理念の根幹にあるのは「障害のために社会から排除されてきた人たちが一人の人間としての権利を主張し，それを回復するのがリハビリテーション」という考えだといえる[16]。

4　自立生活運動と自立生活思想

（1）自立生活運動

自立生活運動（Independent Living Movement：IL 運動）は，1962年，アメリカのカリフォルニア州バークレー分校に入学したロバーツ（E. Roberts）の運動がはじまりだった。ロバーツは，ポリオ（小児麻痺）のため車椅子生活を送っていた。呼吸器障害もあり，夜は「鉄の肺」と呼ばれる人工呼吸器が必要で，身体機能的には重度の障害者だった。当時，キャンパスの学生寮はバリアフリーな環境ではなかった。ロバーツは他の重度障害学生たちと一緒に学内のバリアフリー化や障害者に対する専門職主導の管理体制に対し，改善を求めて抗議活動を行っていった。

1970年には，障害学生がカウンセラーになり，運営も障害当事者中心に担っていく身体障害学生プログラム（Physically Disabled Student Program：PDSP）が開始され，アパート探し・介助者紹介・車椅子修理サービスを含む障害学生の自立支援システムが作られた。また，1972年には，学生以外の重度障害者も対象に，介助サービスや居住サービスを地域で受けられるように話し合いが行われた。その結果，バークレー自立生活センター（Center for Independent Living：CIL）が設立された[(17)]。

ロバーツたちは，障害問題の主体は専門職主導ではなく，障害当事者が最も理解している，つまり，障害者のことは障害者でなくてはわからないのだという考えのもと，活動を行っていた[(18)]。

このように障害当事者自身が活動を行うことにより，障害者を保護の対象としてみなしていた考え方が少しずつ変化してきた。ロバーツの活動は，やがて，アメリカのリハビリテーション法の改正につながった。

（2）自立生活思想

さて，前述したロバーツの自立生活運動であるが，その自立生活の考え方について次の３点が重要となる。①自らの生活や人生における自己決定権や自己選択権の行使自体を，自立として評価し，すべての人間の尊厳にかかわる権利として重視する理念，②親・家族から独立する行為を自立生活と捉える理念，③介護保障を基本的人権として認める理念である[19]。

これらの考え方は，障害当事者自らが主体となっている。たとえ介助が必要であっても自らの人生のありかたを自らの責任において決定し，また自らが望む生活目標や生活様式を選択して生きる行為を意味している。これまで障害者を保護の対象であるとみなし，施設内で専門家や職員主導のもと決められた生活をすることが当たり前だった社会の価値観に大きく異議を唱えたものであった[20]。

日本においても1970年代に「自立」「自立生活」という言葉が使われはじめ，アメリカの自立生活運動とほぼ同時期に同様の動きがみられた。そして世界中でも自立生活を求める運動が起こった。日本でこの運動が組織化され，活発化していくのは1980年代であるが，そのなかで脳性麻痺を抱えた人同士の相互の親睦を深めることを目的とした「青い芝の会」の運動は，その後，障害者福祉に大きな影響を与えていくことになる。障害当事者自らが行動し，声をあげはじめたことは，それまでの障害観を変える一歩になったともいえる[21]。

5　インテグレーションとインクルージョンの理念

インテグレーション（統合）とは，排除されていた少数者（マイノリティ）の人権の尊重と社会への統合を意味する。教育分野では，古くから分立した教育制度（男女別学や人種別学）を一元化するものとしてインテグレーションが使われてきた。この男女別学などの課題に一区切り決着がついた1970年代から，欧米において，障害のある子どもが障害のない子どもと一緒のクラスで学んだり，学校行事などに参加してともに成長する営みとしてインテグレーションは理解されてきた[22]。

しかし，1980年代末から1990年代はじめ，インテグレーションは障害の有無で分ける二元論であると批判され，その代わりの概念として，インクルージョンが登場した。インクルージョンは障害の有無にかかわらず，学校や地域社会で，一人ひとりのニーズに応じた支援を受けつつ，「包み込む」という意味で，インテグレーションより包含的な概念である。インクルージョンは，国連やユネスコによって支持され，1994年，ユネスコの「特別なニーズ教育に関する世界会議——アクセスと質」で採択された「サラマンカ声明」のなかで「インクルーシブ志向をもつ学校こそ，差別的態度と戦い，すべての人を喜んで受け入れる地域社会をつくり上げ，インクルーシブ社会を築き上げ，万人のための教育を達成する最も効果的な手段」と謳われ，各国がインクルージョンの理念を自国の教育政策に盛り込むよう求めた。[23]

6　ソーシャル・インクルージョンから共生社会の構築へ

今日，前節で述べたインクルージョンは教育分野だけでなく，社会福祉はもとより社会政策分野全般に広がりをみせている。社会福祉の分野では，ソーシャル・インクルージョン（社会的包摂）という考えが広まっている。ソーシャル・インクルージョンは，ソーシャル・エクスクルージョン（社会的排除）に対する言葉であるが，もともとは，1970年代のフランス社会における障害者も含む貧困層に対し，社会的正義と公平を求める施策としてはじまり，ヨーロッパ全土に拡大していった。[24]

日本では，2000（平成12）年に，厚生労働省による「社会的な援護を要する人々に対する社会福祉のあり方に関する検討会」報告書で，「今日的な『つながり』の再構築を図り，全ての人々を孤独や孤立，排除や摩擦から援護し，健康で文化的な生活の実現につなげるよう，社会の構成員として包み支え合う（ソーシャル・インクルージョン）ための社会福祉を模索する必要がある」と提言された。これは従来の社会福祉対象者（高齢者，障害者，児童，生活保護受給者など）に限らず，貧困家庭や孤立など制度のはざまにあり，支援を受けることができない複雑なニーズを抱えている人たちの支援が求められることを意味する。地域社会のつながりが弱くなっている今，すべての人を対象に，排除しない地域社会を構築していくことが課題としてあげられている。年齢や性別，国籍，宗教，障害の有無などにとらわれることなく，多様性を認め合い，ともに支えあう共生社会をつくりあげていくことが求められるのである[25]。

これまでみてきたように，障害者福祉の理念は，時代の変化や障害当事者たちの権利を求める運動によって発展を遂げている。理念は過去のものではなく，さらなる進化を遂げつつ，現在の障害者福祉の土台となり，課題の解決につながるものである。今後もさらに進化していく可能性があり，私たちは，歴史とともに常に，障害当事者の動向も注視する必要性がある。

注

⑴　石川准・長瀬修編著（1999）『障害学への招待――社会，文化，ディスアビリティ』明石書店，263～276頁参照。また，「古事記」に記述されているイザナミ神とイザナギ神の最初の子どもについては第１章参照。

⑵　⑴と同じ，149～154頁参照。

⑶　旧優生保護法は，第１条に「優生上の見地から，不良な子孫の出生を防止するとともに，母性の生命・健康を保護することを目的とする」と規定されていた。1996（平成８）年に母体保護法に改正されるまでに，全国で約２万5000人の男女に不妊手術が行われていた。そのうち約１万6500人については，本人の同意がなかったとされている。旧優生保護法をめぐる訴訟は，2018（平成30）年１月，宮城県の60代の女性が，個人の尊厳や自己決定権を保障する憲法に違反するとして，国に謝罪と補償を求めて国家賠償請求訴訟を起こしたことを契機に広まった。新里宏二（2018）「旧優生保護法――戦後日本の隠された差別と闘う」『住民と自治』668，自治体研究社，30～31頁参照。2022（令和４）年２月に全国ではじめて大阪高等裁判所は，旧法の違憲性を認め，国の賠償責任を命じる判決を出した。そして，2022（令和４）年３月，東京高等裁判所でも大阪高等裁判所の判決と同様に，違憲性と国の賠償責任を認めた判決が出されている。『毎日新聞』2022年２月22日「旧優生保護法の違憲性，国の賠償責任を認めた大阪高裁判決要旨」及び2022年３月12日「強制不妊東京も原告勝訴」。

⑷　⑴と同じ，109～125頁参照。なお，近年，妊婦の血液からダウン症などの３つの疾患の可能性を調べる新型出生前診断（NIPT）について国や学会などの運営委員が新たな指針を作成している。NIPT には，本来生まれる命を胎児の段階で排除する「命の選別」につながるという指摘もされている。『毎日新聞』2022年３月８日「新指針議論『拡大ありき』――新型出生前診断対象年齢緩和／希望あれば検査」。

⑸　外務省「世界人権宣言（仮訳文）」（https://www.mofa.go.jp/mofaj/gaiko/udhr/1b_001.html　2022年２月28日閲覧）。

(6) 長瀬修・東俊裕・川島聡編（2012）『障害者の権利条約と日本——概要と展望』生活書院，338頁。

(7) 河東田博（2009）『ノーマライゼーションとは何か——人権と共生の原理の探究』現代書館，42〜43頁。なお，河東田は1946年のスウェーデンの報告書ですでに「ノーマライゼーション」という言葉はあったと指摘している（同書，23〜24頁）。時代とともに通説は変化しつつある。

(8) (7)と同じ，44頁。

(9) 花村春樹訳・著（1994）『「ノーマリゼーションの父」N. E. バンク=ミケルセン——その生涯と思想』ミネルヴァ書房，155頁。

(10) (9)と同じ，116頁。

(11) (7)と同じ，58〜72頁。

(12) 清水貞夫（2010）『インクルーシブな社会をめざして——ノーマリゼーション・インクルージョン・障害者権利条約』クリエイツかもがわ，38〜73頁。

(13) 砂原茂一（1980）『リハビリテーション』岩波書店，63〜74頁。

(14) 奥野英子（1996）「社会リハビリテーションの概念と方法」『リハビリテーション研究』89，2〜3頁。

(15) 障害者対策推進本部（1993）「障害者対策に関する新長期計画——全員参加の社会づくりをめざして」101頁。

(16) (12)と同じ，59頁。

(17) シャピロ，J. P.／秋山愛子訳（1999）『哀れみはいらない——全米障害者運動の軌跡』現代書館，70〜90頁。

(18) (12)と同じ，203〜205頁。

(19) 北野誠一ほか編（1999）『障害者の機会平等と自立生活——定藤丈弘，その福祉の世界』明石書店，71〜74頁。

(20) (19)と同じ，207頁。

(21) (1)と同じ，221〜228頁。

(22) (11)と同じ，157〜158頁。

(23) 国立特別支援教育総合研究所データベース「サラマンカ声明」(https://www.nise.go.jp/blog/2000/05/b1_h060600_01.html　2022年1月31日閲覧)。

(24) (11)と同じ，159〜161頁。

(25) 厚生省（2000）「社会的な援護を要する人々に対する社会福祉のあり方に関する検討会」報告書。

参考文献

全国自立生活センター協議会編（2001）『自立生活運動と障害文化——当事者からの福祉論』現代書館。

ニィリエ，B.／ハンソン友子訳（2008）『再考・ノーマライゼーションの原理——その広がりと現代的意義』現代書館。

学習課題

① 「出生前診断」について調べてみよう。

② 生まれてくる子どもがダウン症と診断されたと想定し，家族の立場に立ち，命の選別やどのようなニーズがあるかについて議論してみよう。

コラム　スウェーデンの障害者支援～人間としての尊厳を活かす

1999年に障害者の入所施設を解体したスウェーデンでは，障害者は地域で生活することが当たり前である。「社会サービス法」や障害者の権利法といわれる「機能障害者のための援助及びサービスに関する法律＝LSS 法」により，日中活動支援，就労支援，在宅支援，住宅支援などさまざまなサービスを受けながら生活している。その根底には，「すべての人は価値ある存在であり，だれもが人生の主役である」という「人間としての尊厳」がある。“障害者はかわいそうな人”でもなく，ひとりの人間として，だれもがもつ権利として考えると自然に出てくる理念である。

筆者がスウェーデンをはじめて訪れたのは2004年であるが，障害者が主体的に自分自身の人生を楽しんでいる姿を目にした。広いアパートで支援を受けながらひとり暮らしをしている人，企業などで就労をしている人もいれば通所施設に音楽鑑賞やダンスをしに通う人もいる。休日はパーティーやコンサートに出かけたり，旅行したり，友人に会っておしゃべりを楽しむ人や趣味の乗馬を楽しむ人もいる。彼らはたいてい支援を受けているが，私たちと何も変わらない，「日常」があった。

一人ひとりに合わせた支援を行うことは支援者も大変だと思ったが，「当事者の思いを聴きながら，できることはやってもらう」ということが支援の方針だと教わった。一から十まですべて手伝うのが支援ではないという。支援者からは「大変なことといえば，新しい福祉機器の使い方を覚えること」と言われた。言葉でのコミュニケーションが難しい場合は，絵や写真，写真のような当事者の視線を捉え音声つきのアプリケーションを活用しながら本人の意思を確認していた。

視線で絵文字や単語，文章を選択するアプリケーションを活用し，カフェの仕事をする当事者。

声高に基本理念を叫ばなくても理念が社会に自然にとけこんでいる。そして支援の基本とは，すべて手伝うことではなく，その人が喜ぶことや楽しいことを増やし，本人の可能性を信じることであると気づかされた。

第3章

障害者福祉のあゆみ

本章では障害者をめぐる社会福祉の制度や各種実践，また当事者の運動も含めた障害者福祉のあゆみについて理解する。障害者福祉のあゆみは単なる法や制度の変遷ではなく，その背景にある障害者の運動や，思想・理念をめぐる世界の動きからも影響を受けていたことを理解することが重要である。また，2000（平成12）年以降の障害者福祉に関する一連の制度改正は，1990年代の社会福祉基礎構造改革からの大きな流れのなかで行われてきたことを理解すると同時に，それら制度の問題点や課題についてもおさえておく必要がある。

1　戦前から戦後にかけての障害者福祉

（1）戦前までの障害者福祉

古代，律令制度のもとでは，障害者は生活困窮者のひとりとして援助の対象とされていた。しかしながら社会における障害者の生活は，血縁的・地縁的共同体の相互扶助で吸収されつつ，一方でそこから離脱する者は浮浪するという形態で存在していた。

視覚障害者については当道座によって守られる側面が大きく，宮廷や幕府から「検校」「別当」「勾当」「座頭」の官位が授けられ保護を受けていた。しかし，こうした封建的身分制度としての当道座は，明治維新後の戸籍制度となじまず，1871（明治4）年の盲官廃止令によって解散となった。

明治維新にともなう浮浪貧民・無産貧民の問題は，当時の最も大きな政治問題のひとつであった。1874（明治7）年に制定された，窮民救済のための「恤（じゅっ）

救規則」は，親族や家族などのいない孤独者が疾病や障害によって働くことができない場合に米などを支給するものであり，救済の対象は限定的で，救済は国家責任ではなく，「人民相互の情誼に基づいて」行われるものとされていた。つまり，あくまで貧困者の救済は，地縁・血縁関係などの相互扶助によって行われることが原則とされていた。

また，この時期の視覚障害者や聴覚障害者の生活は学校教育と深く結びついていた。1878（明治11）年に日本初の「京都盲唖院」をはじめとする障害者の学校が設立され，同時に視覚障害者の職業安定のために学校長連盟による盲人保護法の必要の請願が提出された。そこでの中心的要求は，按摩・鍼・灸の三療業者の保護と国家試験での優遇を求めるものであった。

1912（大正元）年以降の大正期に入ると，第一次世界大戦後の好景気や産業の成長の一方で，貧富の格差の拡大や企業労働者の拡大による労働政策の貧困などの社会問題が発生したことから，1929（昭和４）年に「救護法」が制定された。それまでの恤救規則よりは対象が拡大されたが，障害の内容は限定的であり十分なものではなかった[(1)]。

戦前の民間の社会福祉では，1875（明治８）年に，吉川正雄・中村正直・津田仙らが楽善会を設立し，視覚障害者の救済を訴え，翌年に楽善会訓盲院の設立が認可された。また，当時立教女学校の教頭であった石井亮一が1896（明治29）年に日本最初の知的障害児施設である「滝乃川学園」を開設した。

精神障害者に関しては，1900（明治33）年に制定された「精神病者監護法」によって，精神障害者は私宅で家族による自助によって監護されていた。そのような状況のなか，ドイツ留学から帰国した呉秀三は，東京府巣鴨病院（後に松沢病院となる）院長に就任し，患者への拘束の禁止や拘束具の焼却など環境改善に取り組んだ。そして，『精神病者私宅監置ノ實況及ビ其統計的観察』を発表し，私宅監置の環境の劣悪さを訴えた。

戦時体制下の国家による障害者対策の特徴は，傷痍軍人への手厚い保護政策にみることができる。たとえば，1906（明治39）年に制定された「廃兵院法」は，自活が不可能な傷病兵の保護を目的としたものであった。日露戦争後は1917（大正６）年に国家責任による傷痍軍人への救護を目的とした「軍事救護法」が制定された。さらに1923（大正12）年には「恩給法」が，1931（昭和6）年には「入営者職業保障法」が制定され，1934（昭和9）年には廃兵院法が「傷病兵院法」へと改称された。翌年の1939（昭和14）年には傷兵保護院を改編した軍事保護院が設置された。これら一連の施策は戦時体制下においては国家の強力な支援のもと，国策として進められたものであった。

一方，民間の社会事業の動向に目を向けると，1929（昭和4）年以降の世界恐慌の影響下で，日本においても米価・農作物の価格大暴落や，労働争議・小作争議が頻発するなか，私設社会事業も不況により次々と休廃業に追い込まれていった。戦時体制下では少しでも労働力になりうる知的障害者などは軍事工場に駆り出されるなど，国策への協力に動員されていった。

（2）戦後復興期の障害者福祉

第二次世界大戦が終結すると，敗戦国である日本は連合国軍最高司令官総司令部（GHQ）による指導監督のもとで戦後日本の社会福祉制度の骨格を形成していくこととなる。日本における障害者福祉の展開についても，この戦後復興期から本格的に開始したといえる。

終戦直後の日本では，国民生活が貧困化するなか，食糧不足や失業問題，さらには戦災孤児への対応などが社会問題として深刻化していた。そうした問題に対して，政府は治安対策の一面も含みこんだ貧困対策に優先的に取り組んだ。1946（昭和21）年に旧「生活保護法」が制定され，翌年の1947（昭和22）年には，戦災孤児の保護を主な目的とする「児童福祉法」が制定された。

また，国外からの大量の引揚者や傷痍軍人への対応の一環として，帰還傷病兵の病院退院後の施設への収容保護などの応急対策がとられた。しかし，障害者に対する対策の中心が，そうした帰還傷病兵への処置であったことが，GHQ の非軍事化政策に抵触するおそれがあった[(2)]。そうした背景から，1949（昭和24）年には，傷痍軍人以外の障害者も公的な責任として障害者施策の対象に含みこんだ「身体障害者福祉法」が制定された。ここで，それまでの貧困者への対応の一部でしかなかった障害者施策が，独立したひとつの体系として法制化されることとなった。

身体障害者福祉法の制定においては，アメリカの「リハビリテーション法」をモデルにしていたため，法のなかでは，「更生」あるいは「職業復帰」という用語が使用された。その用語が示す通り，援助の対象は，職業能力が残存し，職業的更生が望める身体障害者に限られ，職業能力が損傷されていない障害者や職業能力が残存していない者については援助の対象から除外された。

一方，終戦直後の知的障害者に関する施策は，知的障害のある児童への対応が中心であった。知的障害児は，戦災孤児や貧困家庭の児童問題の一部として取り扱われ，1947（昭和22）年に児童福祉法が成立すると，知的障害のある児童に対しては施設への保護収容と訓練が適用された。1957（昭和32）年には精神薄弱（知的障害）児通園施設が法定化されたことで，知的障害のある児童への施策が保護収容から地域福祉施策へとその位置づけが変化した。いずれにせよ，この時期までの知的障害に関する施策は，知的障害のある児童への対策が中心であった。

ところが，1950年代後半から，知的障害のある児童の施設退所後の施設や地域生活上の福祉対策の不在による18歳以上の加齢児問題（18歳に達しても行き場がないため，そのまま入所し続けている児童の問題）が深刻化する。1955（昭和30）年には現在の「全日本手をつなぐ育成会」の前身である社団法人「全国精神薄弱者育成会」が知的障害のある児童の親らによって立ち上げられると，成人知的障害者のための授産施設や重度者のための入所保護施設の設置について要望が出された。こうした状況から，1960（昭和35）年に「精神薄弱者福祉法」が制定され，18歳以上の知的障害者の収容施設の設置が促進されていった。

同法の特徴は，①身体障害者福祉とは別に知的障害者福祉が法定化されたことにより，その後の障害者福祉が，障害の種別ごとの縦割り制度として形成されていく起点となったこと，②同法の中心が収容施設の制度化であったため，ここから日本の入所施設の設置推進政策がはじまったこと[(3)]があげられる。なお，この「精神薄弱」という用語は，1999（平成11）年に精神薄弱者福祉法が改正され「知的障害者福祉法」に改称されるまで使用されることとなる。

2　高度経済成長期以後の障害者福祉

(1) 施設福祉の拡大

高度経済成長の時代になると，農村部から都市部への人口集中や核家族化の進展により，三世代同居の減少や共働き家庭の増加などがみられた。そのことで，これまで家庭内で障害者のケアを担ってきた家族要員が減少し，障害者を扶養する家族の機能低下が目立ちはじめた。それにともない，特に重症心身障害児施設設置への声が高まった。1961（昭和36）年には，日本ではじめての重症心身障害児施設「島田療育園」が開設された。また，重度障害児をもつ作家の水上勉の公開書簡「拝啓 池田総理大臣殿[(4)]」が雑誌に掲載され，重度障害児問題に関する世論の関心も高まった。

1960年代には，障害のある人々の生活が，障害種別ごとの特別法のみならず「社会福祉事業法」や児童福祉法，さらには医療・教育・職業訓練・雇用促進・所得保障・住宅・交通など関連する法律すべての施策にかかわっているとの認識が施策実施の省庁に欠如していたため，障害者施策が総合性や一貫性に欠けたものとなっていた。さらに1964（昭和39）年の東京パラリンピックでの欧米諸国の障害者の状況を目の当たりにしたことで，障害者政策の遅れや日本社会の閉鎖性・無関心も強く指摘されるようになった。

そこで，国や地方公共団体の一貫した体系と有機的連携を目的とした「心身障害者対策基本法」が1970（昭和45）年に制定された。さらに同法によって，障害者対策の基本的な考え方や方向性などが示されることとなった。この時期の障害者関連施策の特徴は，障害種別ごとに施策が展開されたことと，入所型の施設建設がめざされたことである。この傾向は1981（昭和56）年の国際障害者年まで続くこととなる。

日本において脱施設化が進まなかった理由のひとつには，「それまで障害者の地域生活を家族介護に依存してきたことから，核家族化や少子高齢化の進行で家族機能が減退した際の対応策として，施設入所という道が選ばれたこと[(5)]」があった。

（2）障害者自身による運動の展開

高度経済成長期の1950年代から1970年代にかけては，障害者自身によるさまざまな運動が展開された時期でもある。その背景には，大規模施設の設置を進めた国や地方自治体に対して，施設そのもののありかたを問い直そうとする声や，これまでの親や擁護団体中心の運動のありかたへの疑問などが当事者の側から沸き起こったことにある。

1960年代は，福祉政策を重視する革新自治体が増加することで，障害種別ごとの対策の拡充と，障害者の大規模入所施設であるコロニーなどの施設建設が進められた。特に重度の障害者を対象とした「独立自活の困難な障害者のための長期の施設ケアを提供する」ために，政府は長期入所型の大規模総合施設を全国に建設することを計画した。1971（昭和46）年には国立のコロニーが群馬県に設立されると，都道府県運営のコロニーが各地で建設された。

しかし，しだいに社会と断絶した入所型施設のありかたに対する疑問が当事者を中心とした人々から指摘されるようになる。1969（昭和44）年からはじまった「府中療育センター闘争」では，入所者の他施設への移転反対やセンター内での生活環境改善を要求して入所者による座り込みが行われた。運動はしだいに施設そのものを否定する方向へと展開し，その後の障害者の地域社会における小規模施設や在宅対策の充実の要求へと，障害者運動の方向性に大きな影響を与えた。

1970年代に入ると，障害者自身によるさまざまな運動が展開された。特に，1970（昭和45）年に起こった，親の脳性麻痺児殺しに対する一般市民による親の減刑嘆願署名の動きに対する「青い芝の会[(6)]」の告発は，社会に対してインパクトを与えるとともに，その後の当事者運動にも大きな影響を与えた。この「青い芝の会」による脱親・脱家族の主張は，英米にはみられないものであり，「その先駆性および包括性は国際的にみても類のないもの[(7)]」であった。この運動は1980年代には障害当事者組織の分裂などにより勢いを失っていくが，脱親，脱施設という目標そのものは，その後の障害者の運動にも受け継がれていった。

(3) 国際障害者年と障害者福祉の在宅化

① 国際障害者年の影響

1980年代の日本の障害者福祉は，国際障害者年の影響を受けながら，施設から地域へという在宅化の流れへと変化をみせることになった。

1975年に国連総会で「障害者の権利宣言」が採択されると，そこでの理念を社会において実現させるとともに，各国の取り組みを実行的なものにするために，1981年を「完全参加と平等」をスローガンにした「国際障害者年」にすることが決議された（図3-1）。さらに，翌年には国際的な行動計画が決議され，1983年からの10年間を「国連・障害者の十年」として，各国で行動を具現化することが要請された。

日本では特に，1986（昭和61）年の「国民年金法」の改正による基礎年金制度の創設に合わせて障害年金の充実が図られ，1987（昭和62）年には「身体障害者雇用促進法」が知的障害者も対象とする「障害者雇用促進法」に改定されるなど所得保障などに関して重要な変更がもたらされた。

また，精神障害者福祉においては，1984（昭和59）年に精神科病院の入院患者が看護職員の暴行によって死亡するという「宇都宮病院事件」が起こった。事件に関しては，国連の合同調査団が来日し，「精神衛生法」の改正を勧告するなど，国際的にも批判されることとなった。この事件などをきっかけに精神障害者対策の見直しがせまられた。1987（昭和62）年には精神衛生法が精神保健法に改定され，法の目的として「精神障害者等の福祉の増進及び国民の精神保健の向上を図る」（第1条）ことがはじめて謳われ，精神障害者の社会復帰や国民の精神保健の向上がめざされることとなった。

② 福祉関係八法改正と障害者福祉の在宅化

1990年代の障害者福祉は，それまでの種別ごとの対策から地域福祉重視への転換が行われた時期であった。1990（平成2）年，社会福祉関係八法（老人福祉法，身体障害者福祉法，精神薄弱者福祉法，児童福祉法，母子及び寡婦福祉法，社会福祉事業法，老人保健法，社会福祉・医療事業団法）の改正が行われた。障害者分野では，身体障害者福祉法と精神薄弱者福祉法（現在の知的障害者福祉法）が改定された。

IYDPの目的

国際障害者年のテーマは「完全参加と平等」である。国際障害者年の目的は，なんらかの形態の身体的ないし精神的損傷をこうむっている約4億5,000万の人びとのリハビリテーションを奨励することである。国連総会の決議は国際障害者年の主要目的に次の5つを上げている。

1. 障害者の社会への身体的及び精神的適応を援助する。
2. 障害者に対して適切な援助，訓練，保護及び指導を行ない，適当な雇用の機会を提供し，障害者の社会における十分な統合を保証するために，あらゆる国内的及び国際的な努力を促す。
3. 障害者が公共の建物及び交通システムを利用しやすいよう改善することをはじめ，障害者の日常生活における実際的な参加を容易にするための研究・調査プロジェクトの実施を奨励する。
4. 障害者が経済的，社会的及び政治的活動に参加し，貢献する権利をもつことを国民に知らせ，理解させる。
5. 障害の予防と障害者のリハビリテーションのための効果的な対策を助長する。

国際障害者年のもう一つの大きな目的は，国連総会で採択された「精神薄弱者の権利に関する宣言」(1971年)，「障害者の権利に関する宣言」(1975年) の実施を促すことである。

図 3 - 1　国際障害者年

出所：国際連合広報センター「国際障害者年」(https://www.unic.or.jp/files/print_archive/pdf/world_conference/world_conference_9.pdf　2022年 3 月28日閲覧)。

身体障害者福祉法の改正の主な内容は，身体障害者更生援護施設の入所権限を都道府県から市町村に移譲したことと，ホームヘルプサービス，ショートステイ，デイサービスの在宅福祉サービスを制度として明確に位置づけたことがあげられる。

また，精神薄弱者福祉法の改正においては，都道府県の行っていた業務権限を指定都市へ移譲し，在宅福祉サービスを制度として明確に位置づけたことがあげられる。

これらの改正は，これまでの施設入所から，在宅福祉サービスの基盤を整備するとともに，業務権限を都道府県からより住民に身近な市町村へと移譲するというものであった。一方で，自治体の取り組み姿勢や財政基盤の違いによってサービス水準に地域格差が出てくるなどの問題も生まれてくることとなった。

1993（平成5）年には心身障害者対策基本法が改められ，「障害者基本法」として制定され，これまで医療の対象であった精神障害者が障害者福祉の対象として位置づけられることになった。1995（平成7）年には精神保健法が改正され，「精神保健及び精神障害者福祉に関する法律」（現在の精神保健福祉法）となり，自立と社会参加促進，医療保護入院の告知義務の徹底化などがめざされた。

（4）国際障害者年が障害者運動へ与えた影響

国際障害者年の制定は，日本政府の対応を促すと同時に，日本の障害者運動に対しても影響を与えた。それまでどちらかというと障害種別ごとに活動していた団体が，国際障害者年の事業推進のためにひとつにまとまって活動することで，各種障害者団体が連携をとる機運が高まったとされる。

さらに，この時期の障害者運動の特徴としては，国際的な広がりをもって展開されたことと，地域での自立生活を実現させようとしたことがあげられる。

1980年代にアメリカのバークレーにある自立生活センター（Center for Independent Living：CIL）を見学した日本の障害者たちは，経済的自立ではなく地域社会で暮らすことをめざしたアメリカの自立生活運動の影響を受け，帰国後に見学者たちを中心にして各地で CIL を開設した。さらに，1990年には重度障害者の在宅自立生活の実現をめざして全国自立生活センター協議会（JIL）を発足させた。

また，1980年にカナダで開かれた RI（リハビリテーション・インターナショナル）の世界大会で専門家中心の会議運営に批判が高まったことから，1981年に DPI（障害者インターナショナル）の結成大会がシンガポールで開催された。日本では，1986（昭和61）年に DPI 日本会議が発足した。このことは，日本社会におけるノーマライゼーション理念の認識が定着していくひとつのきっかけになった。

知的障害者にかかわる運動では，ピープル・ファースト運動があげられる。1990（平成2）年開催された国際知的障害者世界大会（フランス）や1993（平成5）年開催の大会（カナダ）に日本の知的障害当事者が参加した。そこから，知的障害者の自立生活運動も開始されはじめている。ピープル・ファースト運動は自らの権利を擁護するという理念を有した当事者の運動であるといえる。

3　障害者福祉の転換と国際的動向

（1）社会福祉基礎構造改革

1990年代以降の障害者福祉の大きな転換点となったのが，社会福祉基礎構造改革である。1997（平成9）年に，「今後の障害保健福祉施策の在り方について（中間報告）」が報告され，サービス利用者の選択や民間事業者の参入など今後の障害者福祉に関する方向性についての新たな提案がなされた。そして，1998（平成10）年に中央社会福祉審議会社会福祉基礎構造改革分科会による「社会福祉基礎構造改革について（中間まとめ）」を経て，翌年1月に最終報告が出された。改革の背景として，①少子・高齢化の進展や低成長経済への移行，②社会福祉事業，社会福祉法人，福祉事務所について戦後50年間にわたり抜本的な改革がなされてこなかったことなどが強調されている。中間まとめによると，改革の内容は，①新たな利用制度，②サービス水準の確保と利用者の保護，③利用者の参画を柱として，「ノーマライゼーションのために利用者の選択・サービス提供者との直接で対等な関係，個人の尊厳を重視した利用者本位の利用制度」とすることが目的とされている。これにともない，2000（平成12）年に社会福祉事業法が社会福祉法に改定されたのをはじめとして，身体障害者福祉法，知的障害者福祉法も同年に改定された。

障害者福祉に関しては，①知的障害者福祉及び障害児福祉に関する事務は市町村に移譲されたことや，②改定社会福祉法において障害者の地域生活支援が盛り込まれたこと，③社会福祉基礎構造改革の一環として，2003（平成15）年に身体障害者，障害児，知的障害者の在宅・施設サービスの一部が措置制度から契約制度としての支援費制度へ移行したことなどが重要である。

この支援費制度においては，経費は本人の支払い能力に応じた負担，つまり応能負担となり，市町村が一定の利用料を前提としたうえで支援費を支給するという仕組みになっていたが，利用者の増加にともない，費用の増大や地域格差，種別格差などの新たな問題も浮上することとなった。

こうした問題を背景に，2005（平成17）年に「障害者自立支援法」が成立し，翌年から施行されることとなった。同法では，身体障害・知的障害・精神障害の三障害を一本化し，提供主体を市町村へ一元化した。また，定率の利用者負担原則を盛り込み，利用したサービス量に応じた負担，つまり応益負担となった。応能負担から応益負担（定率負担）へと利用者負担の仕組みが変化したことから，「日本国憲法」で保障された生存権規定に反するとして，障害者らによる集団訴訟も起こった。

2009（平成21）年に自民党から民主党に政権が交代すると，障害者自立支援法の廃止が明言され，内閣府に障害者制度改革推進本部が設置された。障害者の福祉施策見直しの間の対応として，障害者自立支援法が改正され，条文から「その有する能力及び適性その他能力に応じて」という文言が削除された。そして，2012（平成24）年に障害者自立支援法が一部改正され「障害者総合支援法」が成立した。

（2）国際的動向と日本の障害者福祉施策の課題

①　国際障害者年以降の国際的動向

1981年の「国際障害者年」の翌年には国際的な行動計画が決議され，1983年からの10年間を「国連・障害者の十年」として，各国で行動を具現化することが要請された。先に述べた通り，「国連・障害者の十年」は日本にも大きな影響を与えた。政府は，日本ではじめての本格的な長期計画を策定した。

「国連・障害者の十年」終了後も，新たに国内行動計画を策定する必要性が指摘された。同時に，日本などのアジアや太平洋諸国で構成される国連・アジア太平洋経済社会委員会（ESCAP）によって，1993年から2002年までの10年を

「アジア太平洋障害者の十年」とすることが決議された。そうした動きを受けて，政府は1993（平成５）年からの10年間を見据えた「障害者対策に関する新長期計画」を策定し，障害者施策のいっそうの推進を図ることとした。

その後，2003（平成15）年から2012（平成24）年にかけて「新アジア太平洋障害者の十年」として継続すると同時に，日本において障害者基本計画（第２次計画）が策定された。2012（平成24）年には，2013（平成25）年から2022（令和４）年までを「アジア太平洋障害者の権利を実現するためのインチョン戦略」とすることが決議されている。

② 障害者権利条約と日本における障害者福祉の課題

2006年「障害者の権利に関する条約」（障害者権利条約）が国連で採択された。この条約は，「私たち抜きに私たちのことを決めないで（Nothing About Us Without Us)」をスローガンに掲げ，障害者の視点から作られたもので，(1)無差別の原則，(2)合理的配慮の実施義務，(3)障害者の権利実現のために締約国がとるべき措置等を規定することで，障害者の権利を保障していくことがめざされている。合理的配慮とは，障害者の権利の確保のために必要・適当な調整等（たとえばスロープの設置）を行うことであり，それを怠ることは差別であるとして禁止されている。

日本は2007（平成19）年に条約に署名した後，2014（平成26）年に批准した。署名後から批准までの間に，国内法の整備を行った。まず，2011（平成23）年に障害者基本法の改正を行い，すべての国民が障害の有無にかかわらず尊重される共生社会の実現をめざすことや，合理的配慮[(8)]の概念が盛り込まれた。

さらに，2012（平成24）年には障害者自立支援法を改称して「障害者総合支援法」とし，2013（平成25）年には「障害を理由とする差別の解消の推進に関する法律」（障害者差別解消法）が制定された。障害者差別解消法では，国や地方公共団体の他，これらが管轄する施設等での合理的配慮提供に関する法的義務が明確に規定され，民間事業者には努力義務が課せられた。その後2021（令和３）年の法改正では民間事業者も義務化された。

アメリカでは，1974年の「リハビリテーション法」第504条や，1990年の「障害を持つアメリカ人法」（ADA）などで早くから障害者差別を禁止する法制度が整えられてきた。日本において，こうした包括的な差別禁止法が検討されてこなかった理由については，⑴縦割り行政により障害者差別禁止の法規制を一般施策全体にかけにくいこと，⑵障害年金の支給は就労の有無にかかわらないため，雇用機会の拡大による障害年金支給の節約という財政効果は期待できないこと，⑶日本の福祉行政は戦前から一貫してヨーロッパ型の社会保障政策を基軸としてきたため，アメリカのような低負担低福祉と訴訟による解決の仕組みとなじまないことなどの，「行政主体側の事情」[(9)]が指摘されている。日本では2016（平成28）年の障害者差別解消法施行後の具体的な施策をいかに進めていくのかが課題となっている。

注

⑴　給付の対象は，「極貧ノ者独身ニテ廃疾ニ罹リ産業ヲ営ム能ハサル者」「独身ニテ七十年以上ノ者重病或ハ老衰シテ産業ヲ営ム能ハサル者」「独身ニテ疾病ニ罹リ産業ヲ営ム能ハサル者」「独身ニテ十三年以下ノ者」として，「無告の窮民」に限定したものであり，障害者は重度の障害者に限定されていた。

⑵　山田明（1987）「現代における障害者福祉の展開」一番ケ瀬康子・佐藤進編『講座障害者の福祉　第１巻　障害者の福祉と人権』光生館，101～128頁。

⑶　小澤温（2013）「障害者福祉の歴史的展開」小澤温・大島厳編『障害者に対する支援と障害者自立支援制度（第２版）』ミネルヴァ書房，62～73頁。

⑷　重度障害の娘をもつ作家の池上勉が，1963（昭和38）年に雑誌『中央公論』にて，当時の池田総理大臣に向けて，税制の不合理や社会保障における障害者施策の不備などを訴えた公開状である。

⑸　柏倉秀克（2009）「障害者福祉制度の発展」柏倉秀克編『障害者に対する支援と障害者自立支援制度』久美出版，36～51頁。

⑹　1967（昭和42）年に起こったこの心中事件に対して，マスメディアや社会からは介護負担のかかった親へ同情が集まった。「青い芝の会」は，障害者自身が親から殺されても当然であるかのような受け止められ方をしていることに対して，障害当事者の生存権が守られないと危惧し，そうした社会のありかたを当事者の立場から告発した。

⑺　杉野昭博（2011）「戦後日本の障害福祉研究」杉野昭博編『リーディングス日本の社会福祉　第７巻　障害と福祉』日本図書センター，19頁。

⑻　障害者の権利に関する条約第２条では，合理的配慮とは，「障害者が他の者との

平等を基礎として全ての人権及び基本的自由を享有し，又は行使することを確保するための必要かつ適当な変更及び調整であって，特定の場合において必要とされるものであり，かつ，均衡を失した又は過度の負担を課さないものをいう」とされている

(9) 杉野昭博（1999）「障害者福祉改革と権利保障」『社会福祉学』39（2），1～14頁。

参考文献

磯村英一・一番ケ瀬康子・原田伴彦編（1986）『講座差別と人権　第5巻　心身障害者』雄山閣出版。

杉本章（2008）『障害者はどう生きてきたか（増補改訂版）』現代書館。

山田明（2013）『通史日本の障害者――明治・大正・昭和』明石書店。

学習課題

① 社会福祉基礎構造改革の考え方と障害者福祉政策の変化についてまとめてみよう。

② 国連の「国際障害者年」や「障害者の権利に関する条約」が日本の障害者福祉にかかわる制度・政策に与えた影響についてまとめてみよう。

コラム　障害学と障害者運動

障害学という言葉を聞いたことがあるだろうか。従来,「障害」を取り扱う学問としては医学，社会福祉学などがあった。しかし障害学は，個人のインペアメント（損傷）の治療を目的とする医療や，障害者を障害者福祉の対象とする福祉の枠組みから脱して，障害を文化として捉えたり，障害者として生きることに価値を見出すといった，障害独自の視点の確立をめざすものである。アメリカやイギリスでは障害学と障害者運動はほぼ一体のものとして展開してきた。しかし日本の障害学の場合は，アメリカやイギリスから輸入されるような形で，つまり海外からの刺激によって誕生した側面が強いとされている。

日本の障害者運動では，1970年代の「青い芝の会」などの主張にみられるような「反施設」の主張や「反優生思想」，さらには「能力主義批判」など，同時期の海外の障害者運動に匹敵するものが展開されていた。また，「親による障害児殺し」問題から「母よ，殺すな」をスローガンに展開された「脱親，脱家族」の主張などは海外にはみられない独自性を有していた。

こうした日本における障害者運動に対して，障害学の成立が大幅に遅れた理由のひとつに，その成立が運動の担い手たちによってではなく，後世の人々によって30年あまり経過した後に「輸入」される形で成立したことがあげられる。そしてその背景には，日本の大学教育の閉鎖性もあるとされている。つまりアメリカでは1960年代後半から重度障害者の大学進学が開始し，それから20年経過後に障害学が成立している。一方，日本では重度障害者の大学進学は1980年代になってからである。日本のアカデミズムの閉鎖性が，結果として障害者運動が障害学を生み出すことを阻んだともいえよう。

障害者運動と障害学との距離をもたらした「時間的ずれ」を埋めるためには，障害者運動の歴史的な研究は意義をもつであろう。また，日本の障害学の障害者運動との連携の弱さが，政策や実践への応用を困難にしている側面もある。障害学には障害者運動との連携を深めていくことが求められている。

第４章

障害者の生活実態とニーズ

本章では障害者の生活実態とニーズについて学ぶとともに，障害者の生活支援において重要な視点がどのようなものかを理解する。まず，各種調査結果などを用いながら障害者の生活実態やニーズの全体的な状況を把握する。さらに，障害者の生活支援を担っている親やきょうだいにも目を向け，親亡き後やきょうだいへの支援といった課題に触れており，今後の障害者の生活支援について考えるための一助としてほしい。

1　障害者の生活実態

（1）障害者の人数

内閣府『障害者白書』では，障害者の人数は表４－１のように，在宅か施設入所かといった生活の場で分けて示している。これによると，身体障害者は419.5万人，知的障害者は85.1万人，精神障害者は391.6万人となっている。在宅者と施設入所者の別でみると，知的障害者は身体障害者や精神障害者と比較して施設入所者の割合が高い。

次に，地域で生活する障害者について，年齢階層別の人数を確認しておきたい。図４－１から図４－３に示した。図４－１は身体障害児・者に関するものであるが，年々人数が増加していることと，65歳以上の割合が高くなってきていることがわかる。

図４－２は知的障害児・者の年齢階層別の人数である。こちらも身体障害児・者同様，人数や65歳以上の割合が増加傾向にあることがわかる。

表４−１　障害者数　　単位：万人

	総数	在宅者	施設入所者
身体障害者	419.5	412.5	7.0
知的障害者	85.1	72.9	12.2
精神障害者	391.6	361.8	29.8

注：身体障害者及び知的障害者は18歳以上，精神障害者は20歳以上。
出所：内閣府（2021）『令和３年版　障害者白書』247頁を参考に筆者作成。

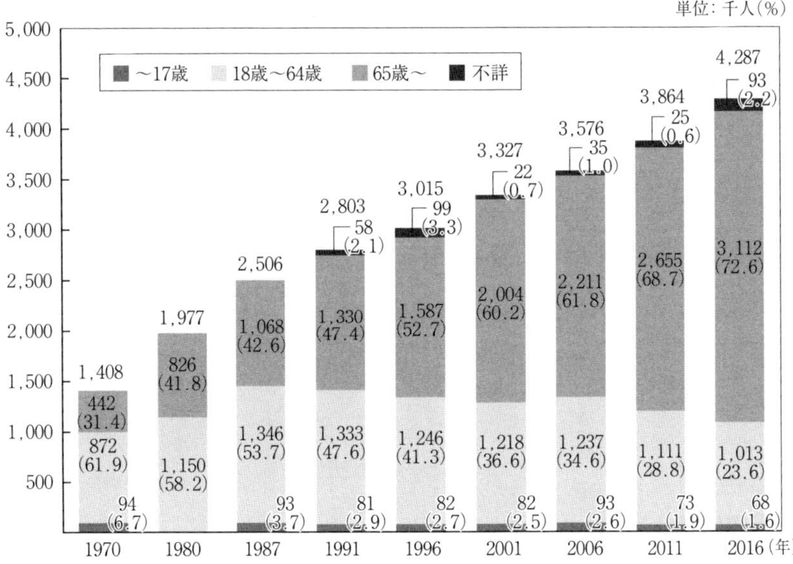

図４−１　年齢階層別障害者数の推移（身体障害児・者（在宅））

注１：1980年は身体障害児（０～17歳）に係る調査を行っていない。
注２：四捨五入で人数を出しているため，合計が一致しない場合がある。
資料：厚生労働省「身体障害児・者実態調査」（～2006年），厚生労働省「生活のしづらさなどに関する調査」（2011・2016年）。
出所：内閣府（2021）『令和３年版　障害者白書』249頁。

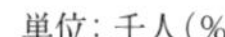

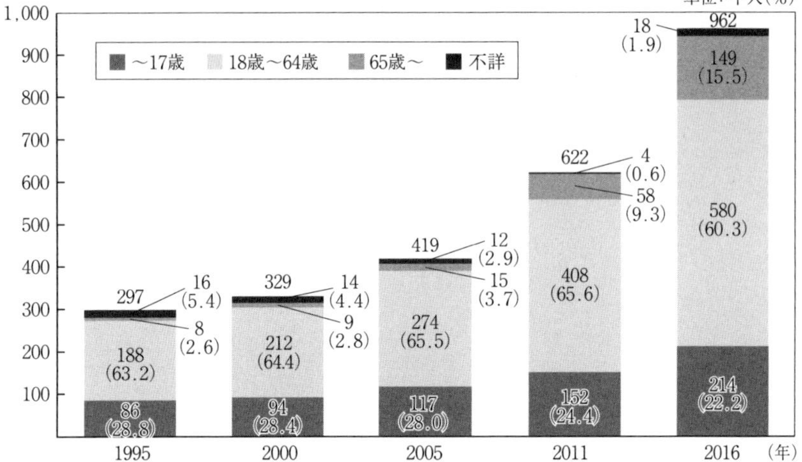

図4－2　年齢階層別障害者数の推移（知的障害児・者（在宅））

注：四捨五入で人数を出しているため，合計が一致しない場合がある。
資料：厚生労働省「知的障害児（者）基礎調査」（～2005年），厚生労働省「生活のしづらさなどに関する調査」（2011・2016年）。
出所：内閣府（2021）『令和3年版　障害者白書』249頁。

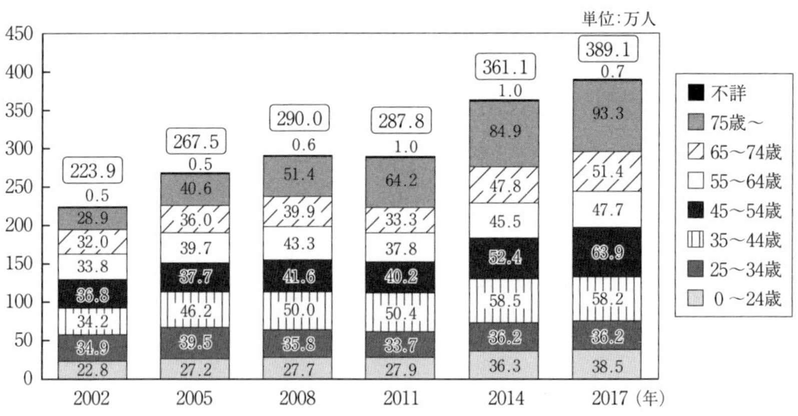

図4－3　年齢階層別障害者数の推移（精神障害児・者，外来）

注1：2011年の調査では宮城県の一部と福島県を除いている。
注2：四捨五入で人数を出しているため，合計が一致しない場合がある。
資料：厚生労働省「患者調査」（2017年）より厚生労働省社会・援護局障害保健福祉部で作成。
出所：内閣府（2021）『令和3年版　障害者白書』250頁。

図４－３は精神障害児・者について示したものである。このグラフでは人数が示してあり，それをもとに65歳以上（「65歳～74歳」「75歳～」）の割合を算出すると，2002（平成14）年は27.2%，2005（平成17）年は28.6%，2008（平成20）年は31.5%，2011（平成23）年は33.9%，2014（平成26）年は36.7%，2017（平成29）年は37.2%と，65歳以上の割合が増加していることがわかる。人数についても，2008（平成20）年から2011（平成23）年にかけて少し減少しているものの，全体として増加傾向にあることが確認できる。

（２）障害者の日中の暮らしの状況

厚生労働省「平成28年生活のしづらさなどに関する調査（全国在宅障害児・者等実態調査）」の結果をもとに，障害者がどのような生活を送っているのか，確認していく。結果は65歳以上と65歳未満に分けられているが，ここでは65歳未満の結果を用いて述べることとする。なお，表中にも記載したが，各障害者手帳を複数所持している障害者もいる。また，「不詳」は除いて表を作成している。

まず，住宅の種類について表４－２に示した。身体障害者手帳所持者，療育手帳所持者，精神障害者保健福祉手帳所持者ともに最も多いのは「家族の持ち家」であった。２番目に多いものに目を向けると，身体障害者手帳所持者は「自分の持ち家」，療育手帳所持者は「グループホーム等」，精神障害者保健福祉手帳所持者は「民間賃貸住宅」となっている。

次に，同居者の状況は表４－３の通りである。いずれも「同居者有」が多いが，その内訳は異なっている。身体障害者手帳所持者は「夫婦で暮らしている」「親と暮らしている」が50%前後の割合を示しているのに対し，療育手帳所持者は「親と暮らしている」「兄弟姉妹と暮らしている」が多くなっている。特に「親と暮らしている」という割合は90%を超えている。精神障害者保健福祉手帳所持者は「親と暮らしている」が最も多く，「夫婦で暮らしている」が２番目に多い。また，精神障害者保健福祉手帳所持者は「一人で暮らしている」割合が他と比べて高く，療育手帳所持者は３%のみとなっている。

日中の過ごし方について，多いものから３つに絞って表に示した（表４－４）。

表 4-2　住宅の種類

単位：人（%）

	障害者手帳の種類（複数回答）		
	身体障害者手帳 859	療育手帳 631	精神障害者 保健福祉手帳 472
自分の持ち家	299（34.8）	53（8.4）	56（11.9）
家族の持ち家	333（38.8）	340（53.9）	202（42.8）
民間賃貸住宅	130（15.1）	79（12.5）	101（21.4）
社宅・職員寮・寄宿舎等	4（0.5）	4（0.6）	4（0.8）
公営住宅	51（5.9）	45（7.1）	67（14.2）
貸間	3（0.3）	1（0.2）	5（1.1）
グループホーム等	21（2.4）	94（14.9）	21（4.4）
その他	6（0.7）	5（0.8）	8（1.7）

出所：厚生労働省「平成28年生活のしづらさなどに関する調査（全国在宅障害児・者等実態調査）」(https://www.mhlw.go.jp/toukei/list/dl/seikatsu_chousa_c_h28.pdf　2022年3月14日閲覧）を参考に筆者作成。

表 4-3　同居者の状況

単位：人（%）

	障害者手帳の種類（複数回答）		
	身体障害者手帳 859	療育手帳 631	精神障害者 保健福祉手帳 472
同居者有	722（84.1）	511（81.0）	354（75.0）
夫婦で暮らしている	376（52.1）	22（4.3）	96（27.1）
親と暮らしている	351（48.6）	470（92.0）	240（67.8）
子と暮らしている	216（29.9）	16（3.1）	55（15.5）
兄弟姉妹と暮らしている	96（13.3）	206（40.3）	69（19.5）
その他の人と暮らしている	19（2.6）	44（8.6）	17（4.8）
一人で暮らしている	105（12.2）	19（3.0）	88（18.6）

注：同居者有の内訳は複数回答。

出所：厚生労働省「平成28年生活のしづらさなどに関する調査（全国在宅障害児・者等実態調査）」(https://www.mhlw.go.jp/toukei/list/dl/seikatsu_chousa_c_h28.pdf　2022年3月14日閲覧）を参考に筆者作成。

身体障害者手帳所持者は「正職員・正職員以外・自営業」，つまり一般就労している割合が高い。療育手帳所持者は「障害者通所サービスを利用」が最も多

表４-４　日中の過ごし方（複数回答）

単位：人（%）

	障害者手帳の種類（複数回答）		
	身体障害者手帳 859	療育手帳 631	精神障害者 保健福祉手帳 472
最も多かったもの	正職員・正職員以外・自営業 320（37.3）	障害者通所サービスを利用 273（43.3）	家庭内で過ごしている 235（49.8）
２番目に多かったもの	家庭内で過ごしている 317（36.9）	家庭内で過ごしている 137（21.7）	正職員・正職員以外・自営業 146（30.9）
３番目に多かったもの	障害者通所サービスを利用 103（12.0）	正職員・正職員以外・自営業 132（21.0）	障害者通所サービスを利用 127（26.9）

注：「正職員」「正職員以外」「自営業」は合算した数値。
出所：厚生労働省「平成28年生活のしづらさなどに関する調査（全国在宅障害児・者等実態調査）」（https://www.mhlw.go.jp/toukei/list/dl/seikatsu_chousa_c_h28.pdf　2022年３月14日閲覧）を参考に筆者作成。

い。精神障害者保健福祉手帳所持者は半数近くが「家庭内で過ごしている」と回答している。「家庭内で過ごしている」のは，身体障害者手帳所持者及び療育手帳所持者でも２番目に多い回答としてあげられている。

日常生活の支援の状況について表４-５に示した。いずれも福祉サービスやその他の支援よりも「家族等の支援」を受けている割合が高い。特に療育手帳所持者は「家族等の支援」を「毎日」受けている人が41.8%と，他と比べて多くなっている。

次に外出の状況を確認しておきたい（表４-６）。いずれも「毎日」「１週間に～６日程度」が多い。しかし，「２週間に１～２日程度」「１か月に１～２日程度」といった外出頻度の少ない人もいることがわかる。少数ではあるが，「外出していない」人もいる。

ひとりで外出できない場合，つまり外出に際しサポートを要する場合の外出方法についても取り上げる（表４-７）。いずれも「家族の付き添い」が最も多くなっている。また，療育手帳所持者はひとりで外出できないことが多いことがうかがえる。

表４－５　日常生活の支援状況　　単位：人（%）

	障害者手帳の種類（複数回答）		
	身体障害者手帳 859	療育手帳 631	精神障害者 保健福祉手帳 472
福祉サービスを利用			
毎日	14　(1.6)	5　(0.8)	3　(0.6)
１週間に３～６日程度	37　(4.3)	18　(2.9)	10　(2.1)
１週間に１～２日程度	34　(4.0)	12　(1.9)	31　(6.6)
その他	6　(0.7)	7　(1.1)	4　(0.8)
利用していない	417（48.5)	272（43.1)	231（48.9)
家族等の支援			
毎日	207（24.1)	264（41.8)	115（24.4)
１週間に３～６日程度	8　(0.9)	6　(1.0)	13　(2.8)
１週間に１～２日程度	26　(3.0)	7　(1.1)	15　(3.2)
その他	24　(2.8)	6　(1.0)	17　(3.6)
支援を受けていない	320（37.3)	136（21.6)	166（35.2)
その他の支援			
毎日	2　(0.2)	1　(0.2)	2　(0.4)
１週間に３～６日程度	4　(0.5)	2　(0.3)	−
１週間に１～２日程度	4　(0.5)	4　(0.6)	2　(0.4)
その他	10　(1.2)	4　(0.6)	5　(1.1)
支援を受けていない	443（51.6)	283（44.8)	250（53.0)

出所：厚生労働省「平成28年生活のしづらさなどに関する調査（全国在宅障害児・者等実態調査）」(https://www.mhlw.go.jp/toukei/list/dl/seikatsu_chousa_c_h28.pdf　2022年３月14日閲覧）を参考に筆者作成。

表４－６　外出の状況

単位：人（%）

	障害者手帳の種類（複数回答）		
	身体障害者手帳 859	療育手帳 631	精神障害者保健福祉手帳 472
毎日	287（33.4）	227（36.0）	118（25.0）
１週間に３～６日程度	272（31.7）	184（29.2）	166（35.2）
１週間に１～２日程度	130（15.1）	92（14.6）	79（16.7）
２週間に１～２日程度	40　(4.7）	18　(2.9）	23　(4.9）
１か月に１～２日程度	57　(6.6）	60　(9.5）	37　(7.8）
その他	20　(2.3）	19　(3.0）	18　(3.8）
外出していない	18　(2.1）	9　(1.4）	10　(2.1）

出所：厚生労働省「平成28年生活のしづらさなどに関する調査（全国在宅障害児・者等実態調査）」（https://www.mhlw.go.jp/toukei/list/dl/seikatsu_chousa_c_h28.pdf　2022年３月14日閲覧）を参考に筆者作成。

表４－７　ひとりで外出できない場合の外出方法（複数回答）

単位：人（%）

	障害者手帳の種類（複数回答）		
	身体障害者手帳 859	療育手帳 631	精神障害者保健福祉手帳 472
福祉サービスを利用	70（17.2）	95（20.3）	10　(4.0）
福祉タクシー等の移送サービスを利用	47（11.6）	18　(3.8）	15　(6.1）
家族の付き添い	297（73.2）	374（79.9）	165（66.8）
友人・知人，ボランティアの付き添い	47（11.6）	30　(6.4）	31（12.6）
その他	30　(7.4）	34　(7.3）	39（15.8）

出所：厚生労働省「平成28年生活のしづらさなどに関する調査（全国在宅障害児・者等実態調査）」（https://www.mhlw.go.jp/toukei/list/dl/seikatsu_chousa_c_h28.pdf　2022年３月14日閲覧）を参考に筆者作成。

2　障害者のニーズ

（1）今後の暮らしの希望

同じく厚生労働省「平成28年生活のしづらさなどに関する調査（全国在宅障害児・者等実態調査）」によると，今後，どのように暮らしたいのかについての希望は表4-8の通りである。いずれも「今までと同じように暮らしたい」が最も多い。表4-2の住宅の種類と表4-3の同居者の状況をふまえると，大まかな傾向として自宅で家族と暮らしたいという希望が多いことが推察される。

（2）今後の日中の過ごし方の希望

今までとは違う日中の過ごし方をしたい人の今後の日中の過ごし方の希望を表4-9に示した。今までとは違う日中の過ごし方をしたい人は，精神障害者保健福祉手帳所持者に多くみられた。また，いずれも「正職員・正職員以外・自営業」，つまり一般就労の希望が高いことがうかがえる。そして，障害種別でみると，身体障害者手帳所持者は「リハビリテーション」が，療育手帳所持

表4-8　今後の暮らしの希望

単位：人（%）

	障害者手帳の種類（複数回答）		
	身体障害者手帳 859	療育手帳 631	精神障害者保健福祉手帳 472
今までと同じように暮らしたい	672（78.2）	437（69.3）	285（60.4）
一人暮らしをしたい	26　（3.0）	29　（4.6）	36　（7.6）
今は一緒に住んでいない家族と暮らしたい	45　（5.2）	21　（3.3）	47（10.0）
グループホーム等で暮らしたい	13　（1.5）	40　（6.3）	14　（3.0）
施設で暮らしたい	19　（2.2）	23　（3.6）	11　（2.3）
その他	15　（1.7）	6　（1.0）	17　（3.6）
わからない	51　（5.9）	60　（9.5）	51（10.8）

出所：厚生労働省「平成28年生活のしづらさなどに関する調査（全国在宅障害児・者等実態調査）」（https://www.mhlw.go.jp/toukei/list/dl/seikatsu_chousa_c_h28.pdf　2022年3月14日閲覧）を参考に筆者作成。

表４－９　今後の日中の過ごし方の希望（複数回答）　単位：人（％）

	障害者手帳の種類（複数回答）		
	身体障害者手帳 154	療育手帳 103	精神障害者保健福祉手帳 197
最も多かったもの	正職員・正職員以外・自営業 86（55.8）	障害者通所サービスを利用 47（45.6）	正職員・正職員以外・自営業 157（79.7）
２番目に多かったもの	家庭内で過ごしたい 28（18.2）	正職員・正職員以外・自営業 46（44.6）	障害者通所サービスを利用 63（32.0）
３番目に多かったもの	リハビリテーション 26（16.9）	障害児通所施設 12（11.7）	家庭内で過ごしたい 29（14.7）

出所：厚生労働省「平成28年生活のしづらさなどに関する調査（全国在宅障害児・者等実態調査）」（https://www.mhlw.go.jp/toukei/list/dl/seikatsu_chousa_c_h28.pdf　2022年３月14日閲覧）を参考に筆者作成。

者は「障害児通所施設」が３番目に多いものとしてあげられている。

3　親ときょうだいの生活実態とニーズ

表４－３にみたように，障害者は親と同居している割合が高い。特に知的障害者では92.0％が親と同居しているという結果だった。また，日中の過ごし方として家庭内で過ごしている割合も高い（表４－４）。さらに日常生活において，福祉サービスよりも家族等の支援を受けている（表４－５）ことや，家族の付き添いによって外出をしている（表４－７）ことが示されている。

このような結果から，障害者の生活は家族によって支えられている現実がみえてくる。障害者本人にとっては身近で本人のことを理解している存在として，心強いサポーターなのかもしれない。しかし，親やきょうだい(1)が障害者をずっと支えられるとも限らず，特に親は障害者より先に亡くなることがほとんどだろう。障害者本人にとっても，親やきょうだいに支えられ続ける生き方が望ましいとも限らない(2)。親やきょうだいにも自分たちの人生があり，それは障害者も同様である。

本節では，先行研究等を用いて，親亡き後の問題及びきょうだいの問題に焦点をあてて障害者の生活について述べていく。

（1）親亡き後の問題

医療の発達により，障害者を含め人々の寿命は伸び，親は障害のある子どもよりも先に亡くなることが多い。親や家族が障害者の生活を支えているなか，親が亡くなった後の障害者のケアをどうするかが問題となる。その場合のケアの担い手あるいは生活の場として入所施設という選択肢もあるだろう。しかし，障害者支援における「施設から地域へ」という流れに逆行することになる。また，障害者基本法で掲げられている，「全て障害者は，可能な限り，どこで誰と生活するかについての選択の機会が確保され，地域社会において他の人々と共生することを妨げられないこと」（第３条第２号）という理念をふまえると，入所施設は多様な選択肢のひとつであるべきである。つまり，入所施設しか選択肢がないということはあってはならないのである。そのため障害者の地域生活を可能にするようなサービスの整備は重要である。

措置制度から支援費制度，そして障害者自立支援法を経て障害者総合支援法と，障害者を支援する仕組みは変化してきた。しかし，ニーズとサービスのミスマッチがあることや，支援が必要でもサービス利用への抵抗や情報不足によりサービス利用に至らないことが指摘されており，ニーズとサービスをどうつないでいけるのかは課題である[(3)]。

また，親が存命であっても，親自身の高齢化にともなって，障害者を支えることが難しくなることも考えられる。そのため，親が元気なうちから将来を見越した支援を共に考えていく姿勢が支援者には求められよう。

さらに，障害者の自立を親任せにせずに社会全体で取り組むことの必要性が示されており[(4)]，障害者に限らず支援が必要な人々を社会がどのように受け止めて支えていけるかが問われている。

（2）きょうだいの抱える問題

きょうだいについてのアンケート調査[(5)]の結果によると，大きな課題として「精神的な不安感」「自分の人生を自分で決められないこと」「結婚」「親亡き後」があげられていた。具体的には，同じような立場の人がいることを知らず，孤独感をもつこと，親の愛情不足を感じること，障害者の世話のため通常の子どものような生活ができないことなどがあげられていた。また，前項の「親亡き後の問題」に関連して，親が障害者の世話ができなくなったときのことを相談できないこと，自分が障害者を養っていかなければならないのではないかという気持ちをもつことも示されていた。そして，障害者への理解不足により，学校においてや結婚に際し，差別的な対応をされることも述べられていた。

上記のような課題に対し，障害や障害者，きょうだいへの理解を深める機会を設けること，きょうだいに負担を強いらずに済むように親に対して支援すること，きょうだい同士がつながれる場を設けること，親亡き後に障害者ときょうだいがそれぞれ自立して暮らせるような仕組みづくりや環境整備を行うことが，解決に向けた提案としてあげられていた。きょうだい同士がつながれる場としては当事者の会があるが，「活動することそのものがピア・サポートの場となり，ソーシャルアクションともなる可能性[(6)]」が示されており，ソーシャルワーカーとしてはきょうだいへの支援において当事者の会と連携することも求められる。

4　障害者の生活を支援する視点

障害者だけに限らず，人の生活を支援するうえで大切なことを２点指摘しておきたい。ひとつは「多様性」，もうひとつは「個別性」である。

「多様性」とは，一口に生活といってもその要素はさまざまであることを意味する。通学や通勤といった「出かけるための準備」を例にあげて説明すると，顔を洗う，朝食をとる，歯磨きをする，着替える，化粧をする，髪を整えるなど，出かけるための準備といってもさまざまである。

そしてもうひとつの「個別性」とは，人によって要素や順番，優先度が異なることを意味する。先ほどあげた「出かけるための準備」のひとつ，朝食を例にあげて説明すると，朝食はパンがよいという人もいれば，米や麺がよいという人もいるだろう。なかには朝食をとる時間があるなら睡眠にあてたいと考える人もいるだろうし，朝食は欠かせないという人もいるだろう。人によって朝食の重要度や中身は異なる。

このように朝の一場面だけ切り取ってみても，要素は多様であるし，人によって異なることがわかる。単に朝食をとる際に支援が必要だということで食事の準備や介助を行うのではなく，本人の好みや考えを大切にした支援を行うことが，本人の主体性を尊重した支援といえる。

本章では各種調査結果や先行研究等をもとに，障害者やその家族の実態及びニーズについて述べてきた。これらから，調査や研究の対象者の傾向を把握することができる。しかし，気をつけなければならないのは，目の前にいるクライエントやその家族が同様の傾向を示すとは限らないことである。「人間の尊厳」というソーシャルワークの価値を鑑みれば，「障害者」あるいは「障害者の家族」というカテゴリーに対する理解のみならず，個人を理解することが重要であることはいうまでもない。人はみな異なる存在であることを肝に銘じて学びを深めてほしい。

注

(1) 障害者の兄弟姉妹については，厚生労働省が示している社会福祉士・精神保健福祉士のカリキュラムにおいて「きょうだい」と表記されているほか，先行研究や文献においても同様であるため，本章においても「きょうだい」と表記する。

(2) 柿木志津江（2017）「障害者の孤立――障害当事者の孤立と社会的自立支援」牧田満知子・立花直樹編『現場から福祉の課題を考える　ソーシャル・キャピタルを活かした社会的孤立への支援――ソーシャルワーク実践を通して』ミネルヴァ書房，145～161頁。

(3) 植戸貴子（2015）「知的障害児・者の親によるケアの現状と課題――親の会の会員に対するアンケート調査から」『神戸女子大学健康福祉学部紀要』7，23～37頁。

(4) 福田真清（2017）「老障介護家庭における知的障害者の自立をめぐり母親が経験するプロセス――複線径路・等至性モデルによる分析を通して」『社会福祉学』58(2)，42～54頁。

(5) 全国障害者とともに歩む兄弟姉妹の会ウェブサイト（http://kyoudaikai.com/ 2022年3月15日閲覧）より「障がいのある人のきょうだいに関するアンケート調査報告書」。

(6) 松本理沙（2020）「障害児者のきょうだいが抱える『親なき後』問題に関する一考察――きょうだいの語りに着目して」『北陸学院大学・北陸学院大学短期大学部研究紀要』13，185～198頁。

学習課題

① 「平成28年生活のしづらさなどに関する調査（全国在宅障害児・者等実態調査）」や『障害者白書』には，本章で取り上げた以外にも障害者の生活実態が示されている。これらに目を通し，障害者の生活実態をさらに理解してみよう。

② 親やきょうだいによる手記に目を通し，親やきょうだいにとっての必要な支援を考えてみよう。

コラム　私と障害者福祉の出会い

私が大学に進学したのは，福祉を勉強しようとしたわけではありませんでした。もともとめざしていた職業があったのですが，大学１年のときに諦めました（諦めた理由はお恥ずかしながら自身の怠慢です）。めざすものがない状態は辛く，何か夢中になれるものがほしくて，情報を集めてはいろいろと検討していました。

当時，たまたま大学で第二外国語として選択していた言語にとても興味がわき，勉強はとても楽しかったため，語学に力を入れることに決めました。自分なりに勉強し，専門に学ぶため，とある大学の編入学試験を受験しましたが，不合格……。また振り出しに戻ってしまった気分でした。

そんなある日，たまたまテレビをつけていたところ，車椅子でバスに乗車したり道路を通行するというような企画を目にしました。今でこそバリアフリー化が進んできましたが，当時はそうでもなく，バスには乗れませんでした。歩道を通行するにしても，路面のでこぼこや傾斜により，スムーズに通行できませんでした。

障害のある人が身近にいたわけでもなく，障害のある人とかかわる機会もなく過ごしてきた私にとっては衝撃でした。障害があるために不自由を強いられている人がいることを，はじめて知ったのです。社会を変えなければならない。そう思いました。これが私と障害者福祉の出会いです。

あのときと比べ，障害のある人の権利に関する条約（障害者権利条約）が国連で採択され，日本も批准し，障害のある人の権利と生活を保障する仕組みは整ってきたように思います。しかし，障害のある人への差別や虐待がなくなったわけではありません。法律や制度も社会に合わせて変えることが求められるでしょう。

私ができることは微々たるものかもしれません。しかし，あのときの思いを胸に，これからも学び，行動していこうと思います。

第5章

障害者の社会参加

障害者の「完全かつ効果的な社会参加」は障害者福祉のめざす姿であり，国際条約や法律，理念とも深くかかわっている。アクセシビリティの考え方を理解し，ハードとソフト両面のバリアに気づくことが学びの出発点となる。本章では，バリアフリー法をはじめとした障害者の社会参加を支える法律と，自己決定，障害理解，当事者参画などの社会参加を進めるために取り組むべき課題について学ぼう。

1　アクセシビリティとバリア

私たち人間は，社会生活を円滑に進めるために作られてきたヒト・モノ・シクミなどの資源を活用しながら生活している。しかし，社会のなかで作られてきた資源の多くは，大多数の人々に合わせて作られている。そのため，異なる身体・機能・感覚などをもつ人の場合，それらを活用することが困難になる。生活場面の一つひとつに困難が存在するとしたら，あなたの生活はどのように変わるだろうか。ある朝の出来事を想像してみよう。

ある朝の出来事

目覚まし時計の音で目が覚める。今日は曇り空だ。布団から出て，朝食を食べ，身支度をする。テレビでは早口でニュースが流れている。家を出て，駅までのバスに乗る。コンビニで昼食を買い，駅の階段を上り，改札を通る。電光掲示板と構内アナウンスの情報が電車の遅れを伝えている。車内は混雑しているが，だれかに関心を寄せられることはない。趣味のサークル仲間から，週末の活動の連絡が入る。子どもの頃から水泳とピアノを習ってきたことが，今の趣味につながっている。

この短い出来事のなかでも，障害者の社会参加を妨げる多くのバリア（障壁）を想像することができる。あなたはどのようなバリアに気づいただろうか。本節ではこの「ある朝の出来事」を例に，障害がある生活や人生を思い浮かべながら，何が障害者の社会参加を妨げているのか，どのように社会参加を進めているのか，専門職として何が求められるのかを学んでいこう。

施設・設備，サービス，情報，制度などの利用しやすさのことを「アクセシビリティ（accessibility）」という（第4次障害者基本計画)。障害者の社会参加の過程では，特別な負担なく日常生活が送れるように，立ちはだかるバリアを取り除き，アクセシビリティを保障する必要がある。

国内ではアクセシビリティよりもバリアを取り除く意味の「バリアフリー（barrier-free)」という言葉がよく使われる。バリアフリーというと，スロープや点字ブロックなどのハード対策（物理的環境への対策）をイメージする人が多いが，制度や慣行などのソフト対策も同時に進めていく必要がある。人々や社会の意識に対しては「こころのバリアフリー」という言葉が用いられている。障害者の社会参加を考えるうえでは，一般的に知られているバリアフリーのイメージよりも幅広い事項にわたってバリアがあることに気づく視点が重要である。

では，何が障害者の社会参加を妨げているのだろうか。本節ではまずアクセシビリティの考え方を，施設・設備，情報，制度，文化の面から学んでいこう。さらに，障害者の社会参加を妨げる人々の意識についても考えてみよう。

（1）施設・設備へのアクセシビリティ

施設・設備へのアクセシビリティ保障とは，建築物，公共交通，街のデザイン，設備・製品などを障害者が利用しやすい状態にすることである。「ある朝の出来事」の例では，バスや電車，店舗や駅，その出入口や通路，エレベーターやトイレなどの設備が，障害者にとって使いやすくデザインされていなければならない。駅のホームドア設置やバスの車椅子固定スペースなど，利用者の安全対策も求められる。こうした環境が整ってはじめて，障害者は安心して外出することができるようになる。

施設・設備のバリアというと身体障害者に対するバリアを想定しがちだが，知的・精神・発達障害者にとってアクセシブルな施設・設備にするための工夫も求められる。音環境や照明を工夫することで感覚刺激を減らしたり，色使いの工夫やシンボルマークを使用することで環境を理解しやすくすることが可能である。

障害者が日常的に利用する住宅，職場，学校などでは，個人の障害特性に合わせて，設備や日常的に使用する用具・道具などを整える必要がある。障害の有無に限らず，環境が整えばその人が持っている能力を発揮することができる。

加えて，施設・設備のアクセシビリティに関する情報を適切に提供することも求められる。近年は ICT（情報通信技術）や AI（人工知能）を活用して，障害者の移動支援や情報支援を行う技術開発も進んでいる。

施設・設備のアクセシビリティを保障するため，日本では1960年代末から障害当事者を中心に「福祉のまちづくり」運動が進められ，欧米のバリアフリー環境に学びつつ，一部自治体が条例として定める動きがあった。その後「バリアフリー法」（第３節）が法制化されていった。

（２）情報アクセシビリティ

情報アクセシビリティ保障とは，視聴覚障害者への情報保障，知的・精神・発達障害者などへのわかりやすい情報提供などを行うことである。「ある朝の出来事」では，わかりやすいニュース発信をすること，電光掲示板の視覚情報を音声で，構内アナウンスの聴覚情報を文字情報でも提供することなどが求められる。

視聴覚障害者は，障害の状態や発症時期によって必要とする情報保障の手段が異なる。情報保障の手段として，聴覚障害者には筆談，手話通訳，要約筆記などのサービス提供が行われており，2021（令和３）年には聴覚障害者向け電話リレーサービスが開始された（図５-１）。視覚障害者の情報保障の手段としては音声や点字のほか，拡大表示や電子データなどが利用される。いずれも情報取得のための支援機器が開発されているほか，ICT や AI を活用した情報保障を目的とするアプリ開発なども進んでおり，こうしたサービスが一般に普及

図５－１　電話リレーサービスのイメージ

出所：日本財団ウェブサイト（https://nftrs.or.jp/about/　2022年６月１日閲覧）。

図５－２　わかりやすい版　障害者虐待防止法パンフレット（大阪手をつなぐ育成会）

することで，障害者の社会参加へのハードルを下げることが期待される。

社会生活を送るために必要な行政手続き，契約，制度，ニュースなどは難解な場合が多いが，表現や内容を工夫することで，やさしくわかりやすく説明することができる。たとえばスウェーデンでは，理解力に困難のある利用者が理解しやすい説明を，一般的な文書等とは別に提供する政策を進めてきた。近年国内でも，国や自治体のウェブサイトやパンフレット（図５-２），事業者によるサービスや商品の説明で「わかりやすい版」が作成されたり，マスメディアや任意団体によるやさしいニュースの提供がなされたり，知的障害者などを想定したLLブックを出版するなどの動きがある。(1)

（3）制度・サービスのアクセシビリティ

制度・サービスのアクセシビリティ保障とは，他の者と平等な生活を送るために必要な制度やサービスが整っており，それらが利用できることである。制度・サービスの不足に加えて，社会の慣習や無理解によってサービスが提供されないこともバリアになる。たとえば，障害を理由に賃貸住宅の入居を拒まれる，司法手続き制度や選挙制度を利用するのに必要な支援が得られない，特定の資格取得や就労ができない（欠格条項）といった課題がある。

また，制度があったとしても，運用上の対象から外れている，要件を満たさないなどの理由で使えなかったり（制度の谷間），利用条件が複雑，説明がわかりにくいなどの理由で使いにくかったり，提供されるサービスの質や量が十分でない場合などがある。たとえば，医療的ケアが必要な障害児が，通学に際して親の付き添いを求められる，入浴サービスの提供が週数回に限られる，といった現状がある。

制度・サービスのアクセシビリティを保障するためには，障害者団体や当事者と専門職が協働して社会変革をめざすソーシャル・アクションを進めていくこと，広く社会に存在する慣習や差別を可視化して合理的配慮の考え方を浸透させることが重要である。

（4）文化へのアクセシビリティ

文化へのアクセシビリティ保障とは，私たちの権利である「健康で文化的な最低限度の生活」を送るために，障害者の芸術やスポーツへの参加機会を保障することである。「ある朝の出来事」では，幼少期から文化活動への参加機会があったことで，成人後も余暇活動のサークルに参加していた。しかし障害児・者は安全上や設備上の理由から習い事やサークル活動への参加を拒否されることが多く，文化面でも障害のない人と同様の参加機会を得にくい状況がある。各自治体には障害者向けのスポーツ施設や文化施設があるが，地理的な条件や数が少ないことから日常的に利用しにくい現状がある。スポーツ庁による2021（令和３）年の「障害者のスポーツ参加促進に関する調査研究」では，障害者の週１回以上のスポーツ実施率は若年層41.8％，成人31.0％であった。日常的なスポーツや表現の機会は，障害者にとっても重要である。

障害者にも広く芸術やスポーツへの参加機会が保障されることで，プロフェッショナルな人材が育成される。障害者のための国際的なスポーツの祭典としては，パラリンピック（肢体・視覚・知的），デフリンピック（聴覚），スペシャルオリンピックス（知的・発達）がある。芸術や芸能分野では，表現活動による文化的貢献が認められた障害者は少なくない。近年はアールブリュット（美術教育を受けない者による芸術）として障害者の作品が注目されたり，就労支援の場で障害者の感性や技術を生かした付加価値の高い商品開発などが行われている。

（5）心理的バリア

心理的バリアとは，障害者に対する差別，偏見，無理解，無関心などを背景として，障害者とその他の人との間に生じる壁のことである。「ある朝の出来事」の例では，混雑した車内で，障害者は他者の否定的態度を感じたり，過度に注目されたり注視されることがある。障害の有無にかかわらず，「迷惑がるような言動」を繰り返し体験すれば，社会参加の意欲は低下してしまう。

さまざまなアクセシビリティが向上したとしても，個々の障害に応じた完全にアクセシブルな環境を用意することはできないため，障害者にはあらゆる場面で他者のサポートが必要になる。人々が障害者とどのようにかかわればよいかを知り，気遣いや手助けを得やすいインクルーシブな社会であれば，障害者が外に出て人とかかわろうとする意欲も高まる。

障害者が社会参加を進めるにあたり，障害への配慮が可能なことや配慮を必要としていることを示すシンボルマーク（図5-3）が普及している。特に外見上わかりにくい障害にとっては，障害者と他者が互いを認識し，理解を求めたりサポートを提供するために有効である。

障害のない人にとっても，障害者との生活体験をもたないことは，多様な人との共生社会を生きるうえで大きな損失になる。すべての人に障害者“も”いる社会への「参加機会の保障」をしていく必要があるだろう。心理的バリアを取り除くために，「心のバリアフリー」「あいサポート運動(2)」「障害理解教育」

図５-３　障害に関するシンボルマーク

注：左から障害全般，視覚障害，聴覚障害，内部障害，要配慮（ヘルプマーク）を示している。

などが進められている。

（6）コンフリクト

コンフリクト（conflict）は，葛藤，矛盾，対立などと訳される。障害者福祉分野では，施設などの建設に際して地域住民からの反対運動が起きる場合があり，両者の意見や要求が対立することを「施設コンフリクト」と呼ぶ。施設コンフリクトは，障害者の行動や地価の低下に対する地域住民の不安が背景にあり，障害者の地域移行を進める過程で大きな課題となっている。コンフリクトの発生は地域での障害理解や共生社会実現の機会と捉えることができ，「コンフリクト・マネジメント」を行うことで解決をめざしていく。

2　障害者の社会参加の基盤となる理念・法律

障害者福祉の理念（第２章）は，いずれも社会参加と密接に関連している。理念をもとに作られてきた国際条約や国内法（第６～７章）においても，社会参加は重要な目標とされている。ここでは，私たちが何をめざしているのかをみていこう。

（1）障害者福祉の理念と社会参加

障害者の社会参加は，ノーマライゼーションや障害者のソーシャル・インクルージョンに向かう手段であり，目的のひとつでもある。これらは相互に関連しあいながら進んでいくので，たとえばニイリエによる「ノーマライゼーションの８つの側面[(3)]」を社会参加の観点としても応用することができる。

障害者の社会参加を進めるうえでは，障害の社会モデルや ICF における活動と参加の考え方が重要になる。社会参加を妨げているのは個人の機能や能力ではなく環境（ヒト・モノ・シクミ）の側にあるとの考えに立てば，環境の側を改善し，社会が障害者から奪っている権利を当然保障しなければならない。社会モデルに立脚した教育や研修を行うことで，社会に存在する“障害”を想像し，具体的な対策を講じることが可能となる[(4)]。

障害者の社会参加には多くのバリアが存在するのが現状であり，それを乗り越えるためのロールモデルや動機づけが必要である。だれしも体験や経験がなければ，やりたいことや送りたい生活を想像することはできない。街に出て，多様な人とかかわることは社会参加の第一歩となる。障害当事者へのアプローチとして，自立生活運動の思想やピアサポート，エンパワメントに基づく支援は社会参加を後押しする。

（２）障害者権利条約における社会参加

障害者権利条約では，障害は「他の者との平等を基礎として社会に完全かつ効果的に参加することを妨げるものによって生」じているとし，「障害者が市民的，政治的，経済的，社会的及び文化的分野に均等な機会により参加すること」をめざしている（下線は筆者）。すなわち障害者の社会参加とは，単に障害者と社会との接点があるかどうかではなく，あらゆる場面で障害のない人と平等な参加機会が与えられているか，また社会の一員として他者との日常的なかかわりのなかで影響を与え合うような参加のしかたになっているかがポイントとなる。

（３）障害者基本法における社会参加

障害者基本法の目的には，障害の有無にかかわらず基本的人権を尊重し共生社会を実現するためとして，「障害者の自立及び社会参加の支援等のための施策に関し，基本原則を定め，及び国，地方公共団体等の責務を明らかにするとともに」「障害者の自立及び社会参加の支援等のための施策の基本となる事項を定めること等により」「障害者の自立及び社会参加の支援等のための施策を総合的かつ計画的に推進すること」という3点が示されている（下線は筆者）。このように繰り返し言及されている自立と社会参加は，障害者福祉のめざす姿であることがわかる。

さらに障害者基本法第2章では「自立及び社会参加の支援等のための基本的施策」として，以下の項目があげられている。すなわち医療介護，年金，教育，療育，職業相談，雇用の促進，住宅確保，施設・情報のバリアフリー化，相談，経済的負担の軽減，文化的諸条件の整備，防災・防犯，消費者保護，選挙・司法手続きにおける配慮，国際協力である。障害者の“他の者と平等な”社会参加を進めるためには，これらの事項においてバリアを取り除くための取り組みを，多角的に進めていく必要がある。

障害者基本法に基づき策定する「障害者基本計画」では，国及び自治体が障害者の社会参加を進めるための方向性と目標が示されており，その時期に課題となっていることや注力すべき事項などを具体的に知ることができる。身近な自治体の計画（ほとんどはウェブサイトで入手可能）を読んでみよう。

3　障害者の社会参加を支える法律

障害者の社会参加を広く深く進めていくためには，教育，就労，権利擁護，地域づくりなど多方面からの継続的な取り組みと連携が必要になる。社会参加に必要な障害福祉サービスの多くは障害者総合支援法（第7章）に規定されている。障害者が就職し，働き続けるための支援については，障害者雇用促進法（第8章）に規定されている。社会参加の過程で起こる具体的な課題については，障害者差別解消法（第9章）において差別的取り扱いの禁止と合理的配慮の提供として規定されている。本節では，障害者の社会参加を支えるその他の法律について学ぼう。

（1）バリアフリー法

「高齢者，障害者等の移動等の円滑化の促進に関する法律」（バリアフリー法）

表５-１　ハートビル法からバリアフリー法改正までの流れ

年	法律	内容
1994 （平成６）年	「高齢者，身体障害者等が円滑に利用できる特定建築物の建築の促進に関する法律」（ハートビル法）制定	建物のバリアフリー化を目的とした法律
2000 （平成12）年	「高齢者，身体障害者等の公共交通機関を利用した移動の円滑化の促進に関する法律」（交通バリアフリー法）制定	旅客施設，車両等の公共交通のバリアフリー化を目的とした法律
2003 （平成15）年	ハートビル法改正	特定建築物を追加。努力義務を義務化（罰則規定あり）
2006 （平成18）年	「高齢者，障害者等の移動等の円滑化の促進に関する法律」（バリアフリー法）制定	特定路外駐車場や特定公園施設を追加。知的・精神・発達等の全障害者が対象に加わる
2018 （平成30）年	バリアフリー法改正	マスタープラン制度，当事者参画，地方の取り組みが追加
2020 （令和２）年	バリアフリー法改正	心のバリアフリー等のソフト対策を強化

出所：筆者作成。

は，障害者等の移動と施設利用におけるアクセシビリティを保障するために，交通機関と建築物，それらを含む街のデザインのバリアを取り除くよう定めている。公共交通事業者，道路・路外駐車場・公園の管理者，建築主等の施設設置管理者は，障害者等のアクセスを保障するため移動等円滑化基準に適合するよう努めなければならない（施設設置管理者の責務）。国や自治体は，当事者が参画する会議（移動等円滑化評価会議）を設置し，定期的に評価を行う。また，国民に対しても，障害者が「公共交通機関を利用して移動するために必要となる支援，その他の（中略）必要な協力をするよう努めなければならない」としている。

バリアフリー法に基づき，多くの人が利用する建物は「特定建築物」，不特定多数または主として障害者等が利用する建物は「特別特定建築物」として政令で定められる。バリアフリー法はハートビル法と交通バリアフリー法を統合して制定されたが，これらの法律は改正によって対象や取り組みが拡大されてきた（表５-１）。たとえば2020（令和２）年改正では，特別特定建築物に公立小学校等が追加された。

（2）身体障害者補助犬法

2002（平成14）年に「身体障害者補助犬法」が制定された。盲導犬，聴導犬，介助犬の訓練や取り扱い，補助犬の同伴を拒んではならないことなどを定めている。

（3）情報アクセシビリティ法と手話言語条例

2022（令和4）年5月には，「障害者による情報の取得及び利用並びに意思疎通に係る施策の推進に関する法律案」（障害者情報アクセシビリティ・コミュニケーション施策推進法案）が成立した。この法律は情報保障に関して，障害に応じた手段の選択，地域格差の是正，情報提供の同時性と内容の担保，ICT の活用などを基本理念としている。法案では，付帯決議として手話言語法の検討が付された。

手話はひとつの独立した言語であり，公用語のひとつに定める国が増えている。日本では，2013（平成25）年鳥取県と北海道石狩市での成立を先駆けとして，全国の自治体で「手話言語条例」が制定されてきた。今後，国内法の整備が求められる。

（4）福祉用具法——すべての人のためのデザイン

障害者の社会参加を進めるには，モノを適切に活用することも有効である。1993（平成5）年に「福祉用具の研究開発及び普及の促進に関する法律」（福祉用具法）が制定された。福祉用具のなかで障害者が利用する「日常生活用具」「補装具」は障害者総合支援法に位置づけられている。専門職は，障害者が適切に福祉用具を活用できるよう支援を行わなければならない。

その他に，個別の身体機能に合わせて日常生活動作の自立を補助するよう工夫された道具である「自助具」や，身体的な特性や障害にかかわりなくより多くの人々が共に利用しやすい製品である「共用品[(5)]」などがある。現在では，障害者のために特化したモノだけでなく，すべての人が使いやすいデザインの開発を行う思想が広まっている。ユニバーサル・デザイン（UD）とは，多様な人が使いやすい製品，環境，計画，サービスをあらかじめデザインしておくという考え方である。他方，障害者が積極的にデザインのプロセスに参加し，個人の課題解決を通して多くの人が必要とするモノやシクミをデザインするというインクルーシブ・デザインの考え方がある。これらの新しい潮流では，障害者の経験と知恵を活用することが期待される。

4　これからの障害者の社会参加における課題

真にインクルーシブな社会とは，障害者が福祉関連領域や福祉関係者のみとかかわるのではなく，あらゆる場に参加している社会であり，今後は福祉以外の他領域との連携が期待される。また，生涯発達に沿った切れ目ない社会参加が可能になるよう，ライフステージに応じた発達支援と家族支援が地域のなかで行われるような体制整備が求められる。地域格差の是正も課題である。

専門職は，ミクロ・メゾ・マクロ領域に存在する社会的障壁を取り除き，障害者の社会参加を進めるために活動する。これからの障害者の社会参加における課題として，自己決定支援，障害理解の促進，当事者参画について考えてみよう。

（1）自己決定の支援

自己決定は，社会福祉専門職が重視すべき原則のひとつである。障害者が社会参加を進めていく過程でも，本人の選択と決定のもとに支援を行っていく必要がある。しかし，「自分のことを自分で決める」のは簡単なことではなく，経験の積み重ねのなかで可能になるスキルでもある。長い間施設や病院で暮らしてきたり，他者に決定をゆだねてきた場合は特に，エンパワメントに基づく支援が大切になる。障害者自らが自己決定に基づいて社会参加を進めていくための支援の方策と制度づくりが課題である。

（2）障害理解の促進

障害者の社会参加を阻む一因に心理的バリアがあることは述べた（第1節）。一方，オーストラリアの当事者活動家であるステラ・ヤングは，人々の感動を生むように意図的に作り上げられた障害者のストーリーを「感動ポルノ」と呼んだ。障害者に対する過度な同情や，障害があることで「善き人」像を作り上げることは，一見肯定的であっても全人的な理解にはつながらない。

否定的な態度や過度に肯定的な態度は，障害者をひとりの平等な人間として理解しあう共生体験の不足が一因として生じる。障害の疑似体験や障害者との一時的な交流から一歩進んだ，共に生きていく友人や近隣住民としての障害理解教育を進める必要がある。そのためには，幼少期から継続的に障害児者と肯定的なかかわりをもつ機会が重要になる。障害者とのかかわりのなかでは，障害者への否定的認識を生む体験も起こりうる。そうした体験が差別や偏見につながらないための方策についても，知見を積み重ねる必要がある。

（3）政策・計画づくりへの障害当事者の参画

障害者権利条約の作成にあたり，「私たちのことを私たち抜きで決めないで(Nothing About Us Without Us)」というスローガンが掲げられた。障害者権利条約の締約国は，一般的義務として「法令及び政策の作成及び実施において，並びに障害者に関する問題についての他の意思決定過程において，障害者を代表する団体を通じ，障害者と緊密に協議し，及び障害者を積極的に関与させる」ことを約束している。政治や行政を障害者が担うことや，政策や計画を立案する委員会などに当事者が参画し，その意見を反映していくことが重要である。

障害者に直接的にかかわる政策・計画づくりに限定しても，国から市町村単位まで数多くの委員会などが開催されており，地域ごとに一定数の障害当事者がこうした委員会等にかかわることが必要になる。また，一括りに「障害者」といっても，障害の種別や程度，置かれた状況は多様である。自身の経験だけでなく，多様な障害者の状況をふまえて建設的に対話ができる障害当事者を育成することも，障害者の社会参加をマクロな面から進めるうえでの課題である。

注

⑴　やさしいニュースの提供例として，NHK「NEWS WEB EASY やさしい日本語

で書いたニュース」(https://www3.nhk.or.jp/news/easy/)，スロー・コミュニケーション「わかりやすいニュース」(https://slow-communication.jp/)。いずれも2022年6月1日閲覧。

(2) 鳥取県から全国の自治体に広まった，障害理解と障害者への手助けを進める運動。個人と企業・団体を対象に「あいサポーター（障害者のサポーター）」養成などを行っている。

(3) ノーマルな①一日のリズム，②一週間のリズム，③一年間のリズム，④ライフサイクルにおける経験，⑤個人の尊厳と自己決定，⑥性的関係，⑦経済水準，⑧環境基準。第2章参照。

(4) 国際的には「障害平等研修」などが普及している。

(5) 共用品推進機構「共用品・共用サービスとは？」(https://www.kyoyohin.org/ja/kyoyohin/index.php　2022年6月1日閲覧）参照。

参考文献

カセム，J.／平井康之監修／ホートン・秋穂訳（2014）『「インクルーシブ・デザイン」という発想――排除しないプロセスのデザイン』フィルムアート社。

徳田克己監修（2018）『みんなのバリアフリー①②③』あかね書房。

南部充央（2019）『障害者の舞台芸術鑑賞サービス入門――人と社会をデザインでつなぐ』NTT 出版。

西村顕・本田秀夫（2016）『知的障害・発達障害のある子どもの住まいの工夫ガイドブック――危ない！　困った！　を安全・安心に』中央法規出版。

星川安之（2015）『アクセシブルデザインの発想――不便さから生まれる「便利製品」』岩波書店。

学習課題

① あなたの一日の生活を書き出し，障害がある場合にどのような場面でバリアが生じるか，障害があっても同じように生活するためにどのような対応がなされているかを調べよう。

② あなたが生まれてからこれまでのライフイベントを書き出し，障害がある場合にどのようなバリアが生じるか，障害があっても同じように「参加」するためにどのような対応があればよいか考えよう。

③ あなたが生活している地域で，障害者の社会参加を促進するために行われている活動や施策を調べ，他者に紹介しよう。

コラム　災害対策に障害の強みを活かす⁉

大規模災害が起きると，障害者は移動や情報取得，リスク判断や心理的安定に支援が必要になる。被災地では，日常生活で利活用しているモノ・ヒト・シクミの多くが機能しなくなり，生活環境の変化や悪化によって大きなダメージを受ける。そのため障害者は，災害による直接的・間接的な死亡率が高かったり，被災後に支援の必要度が上がったりする事実がある。

国や行政は大災害のたびに対策を追加し，避難行動要支援者名簿の作成，個別避難計画の策定，福祉避難所の設置，一般避難所での要配慮者対応指針の策定，要配慮者利用施設での計画策定などを進めてきた。障害者福祉における災害対策の目的は，第一に災害弱者としての障害者へのリスクを最小にすることである。一方，地域社会には災害弱者となる人が非常に多く，障害者を災害弱者として捉えるだけでは，レジリエントな災害対策は進まない。

障害者は災害に多くの備えを必要とする。災害時の安心安全を守るハードルが高いという障害の“弱み”を，障害のある生活体験をもとに災害対策の不足やバリアを発見できるという“強み”に捉え直せば，障害者は地域の貴重な人材になりうるのだ。障害者が防災活動に参加することは，障害者と地域や社会の双方に多くのメリットをもたらし，次のような副次的な効果が期待される。

障害者にとって：地域の一員となる。家族や支援者との関係を見直す。自分の「強み」を知る。受援力・援助要請力を高める。

障害者，家族，支援者にとって：非常時を想定して日々の支援を見直す。地域での障害理解を進める。

地域・社会にとって：災害対策の課題を見つけてアップグレードする。地域のさまざまな人を理解する。生活を支える仕組みを見直す。

こうした効果を得るためには，障害者が地域住民と一緒に災害対策を進める過程で，障害当事者や家族が適切に理解され，協働できる環境づくりが必要になる。そのためには，当事者をエンパワメントの視点で支えるフォーマル・インフォーマルな人的資源が不可欠である。ソーシャルワーカーには，障害者が地域住民の一員としてインクルージョンされ，地域活動にかかわるための足場作りを行う役割が求められている。

第６章

障害者福祉に関する制度や法律

障害に関するさまざまな法律の体系は，「障害」の捉え方や障害者に対する対応などの基本的な考え方を示している障害者基本法のもとに，身体障害者福祉法，知的障害者福祉法といった障害種別ごとの福祉に関する法律，具体的な障害福祉サービスを定めた障害者総合支援法，障害者の雇用や生活環境，虐待防止，差別解消等の関連法律によって成り立っている（表６-１）。障害者を対象とする法律以外にも，広く国民を対象とした医療や年金，雇用などの法律のなかでも障害者を対象とする部分があり，障害者にかかわる法制度の幅は大変広いといえる。

本章では，障害者基本法と各種障害に関する法律において，どのような理念や制度が定められているのか理解を深めていく。

表６-１　障害者に関連する法律体系

障害者基本法			
障害種類別の福祉	障害福祉サービス	権利・保健医療・教育・雇用・所得保障　等	
• 身体障害者福祉法 • 知的障害者福祉法 • 精神保健福祉法 • 発達障害者支援法	• 障害者総合支援法	• 障害者虐待防止法 • 障害者差別解消法 • 障害者雇用促進法 • 障害者優先調達推進法 • 医療観察法 • バリアフリー法 • 難病法	• 国民健康保険法 • 健康保険法 • 国民年金保険法 • 厚生年金保険法 • 特別児童扶養手当等の支給に関する法律 • 児童扶養手当法 等
児童福祉法 （障害児の定義・障害福祉サービス等を規定）			

出所：筆者作成。

1　障害者基本法

（1）障害者基本法の成立までの経緯と改正

すべての障害者を対象とする総合的な障害者施策に関するはじめての法律として，1970（昭和45）年に心身障害者対策基本法が制定された。具体的なサービスは障害種類別の法律に基づいて行われていたが，障害者対策に関して国と地方公共団体の責任を明らかにし，心身障害者の定義，個人の尊厳にふさわしい処遇を保障される権利，重度障害者の終生にわたる保護が明確にされた。また，国に中央心身障害者対策協議会を設置するなど，当時としては画期的な内容であった。

その後，1981（昭和56）年の国際障害者年や，1983（昭和58）年からの国連・障害者の十年など，障害者の人権に関する国際的な動きを受けて，その具体的な行動として我が国でも障害者対策に取り組み，障害に対する国民の理解も広がっていった。さらに障害者全体のバランスのとれた政策にしていくために，この間に得られた最新の成果を盛り込み，心身障害者対策基本法を改正する形で1993（平成５）年に障害者基本法が成立した。

①　1993（平成５）年の障害者基本法への改正

法律の名称を変え，障害への対策だけではなく障害者に対する基本的な考え方を示すことを強調している。第１条（目的），第３条（基本理念）においては，国際障害者年の「完全参加と平等」の内容が取り入れられ，障害者の自立と社会，経済，文化その他のあらゆる分野の活動への参加について規定している。障害者の定義は，「身体障害，精神薄弱（知的障害），精神障害があるため長期にわたり日常生活又は社会生活に相当な制限を受けているもの」とされ，ここで精神障害が含められた。また，障害者の理解・啓発のために障害者の日（12月９日）が設定された。そして，中央心身障害者対策協議会は中央障害者施策推進協議会に改められ，障害者に対する政策を計画する障害者基本計画についても国による作成を義務（都道府県・市町村の障害者計画は努力義務）とした。国の障害者基本計画の年次報告は『障害者白書』として現在も刊行されている。

② 2004（平成16）年の改正

この年の改正の大きな特徴は，障害者差別禁止を規定したことである。これは，国連の障害者権利条約の議論がはじまり，国内でも関心が高まったことが背景としてある。第３条（基本的理念）では，「何人も，障害者に対して，障害を理由として，差別することやその他の権利利益を侵害する行為をしてはならない」と規定し，差別の防止などに関する国・地方公共団体，国民の責務が加えられた。また，障害者の日は障害者週間（12月３日～９日）に変わり，都道府県・市町村の障害者計画も義務化された。

③ 2011（平成23）年の改正

2009（平成21）年に民主党に政権交代があり，当時の新政権では，障がい者制度改革推進本部が設置され障害者権利条約の批准に向けた国内法の整備など集中的な改革が行われた。障害者基本法の改正はその中心となり，その内容は大きく変化した。

（２）障害者基本法の内容

この法律は総則・各則の全36条からなる。第１条（目的）では，「全ての国民が，障害の有無にかかわらず，等しく基本的人権を享有するかけがえのない個人として尊重されるものであるとの理念にのつとり，全ての国民が，障害の有無によつて分け隔てられることなく，相互に人格と個性を尊重し合いながら共生する社会を実現する」と明記されている。障害者が保護の客体ではなく「権利の主体」であることや，インクルーシブ社会の実現をめざすという理念が掲げられている。また基本原則を定め，国及び地方公共団体の責務を明らかにし，障害者の自立と社会参加の支援等のための施策を総合的かつ計画的に推進していくことを目的としている。

第２条（定義）では，障害者を「身体障害，知的障害，精神障害（発達障害を含む。）その他の心身の機能の障害（以下「障害」と総称する。）がある者であつて，障害及び社会的障壁により継続的に日常生活又は社会生活に相当な制限を受ける状態にあるものをいう」としている（同条第１号）。障害の範囲に発達障害や難病等に起因する障害が含まれることを明確化した。また，社会的障壁とは「障害がある者にとつて日常生活又は社会生活を営む上で障壁となるような社会における事物，制度，慣行，観念その他一切のものをいう」としている（同条第2号）。ここでは，障害を機能的な障害という本人側の原因とみる医学モデルの考え方だけでなく，障害者の周りにあるさまざまな環境が障害者にとって不利となる原因（障壁）を作りだしているという社会モデルを導入しているという点が重要である。

次に，先に述べた基本原則とは，第3条から第5条の内容である。第3条（地域社会等における共生等）では，すべての障害者が社会を構成する一員として，社会，経済，文化その他あらゆる分野の活動に参加する機会の確保や，可能な限りどこで誰と生活するか選択の機会の確保と他者と共生することを妨げられないこと，可能な限り言語（手話を含む）その他の意思疎通のための手段や情報の取得や利用について選択する機会の確保を図るとしている。第4条（差別の禁止）では，障害を理由とした差別やその他の権利利益を侵害する行為をしてはならないとしている。そして第2条で定義された社会的障壁を取り除くために，その実施に過重な負担が伴わない場合には，障害者権利条約で取り入れられた「合理的配慮」を行わなければならないと規定した。第5条（国際的協調）では，第1条に規定する社会の実現は，国際的強調のもとに図られなければならないとしている。

このほか，各則において国・地方公共団体，国民の責務（第7条，第8条）が定められている。また，療育（第17条関係），防災及び防犯（第26条関係），消費者としての障害者の保護（第27条関係），選挙等における配慮（第28条関係），司法手続における配慮等（第29条関係），国際協力（第30条関係）が新設されている。

（3）障害者基本計画と障害者政策委員会

我が国の障害者対策を総合的，効果的に推進していくためにはじめて立てられた計画は国連・障害者の十年の国内行動計画として策定された，障害者対策に関する長期計画である。その後，1993（平成5）年～2002（平成14）年の障害者対策に関する新長期計画を障害者基本法に基づいた第1次計画として位置づけ，2013（平成25）年～2017（平成29）年の第3次障害者基本計画，そして現在

2018（平成30）年～2022（令和4）年の第4次障害者基本計画が進んでいるところである。

障害者基本計画では障害者権利条約との関係を示しながら，基本理念や基本原則などの計画における基本的な考え方のほか，分野別施策の基本的方向として，①安全・安心な生活環境の整備，②情報アクセシビリティの向上及び意思疎通支援の充実，③防災・防犯等の推進，④差別の解消，権利擁護の推進及び虐待の防止，⑤自立した生活の支援・意思決定支援の推進，⑥保健・医療の推進，⑦行政等における配慮の充実，⑧雇用・就業，経済的自立の支援，⑨教育の振興，⑩文化芸術活動・スポーツ等の振興，⑪国際社会での協力・連携の推進の11分野について，そして推進体制について計画する。この計画は内閣総理大臣が関係行政機関の長と協議しながら，障害者政策委員会の意見を聞いて案を作成し閣議決定を求める。

障害者政策委員会は，旧法に規定されていた中央障害者施策推進協議会が廃止され新たに内閣府に設置された組織である。障害者基本計画の作成または変更時に意見を述べたり，障害者権利条約にあるモニタリング（監視）機関として実施状況を監視したり勧告をする機能を有している。委員は30人以内で組織され，さまざまな障害者の意見を聴き実情をふまえた調査審議ができるように，障害者，障害者の自立及び社会参加に関する事業に従事する者並びに学識経験のある者のうちから内閣総理大臣が任命する。

2　各種障害に関する法律

（1）身体障害者福祉法

身体障害者福祉法の総則では，障害者総合支援法と相互に作用しあいながら，身体障害者の自立と，その自立と社会を構成する一員として社会，経済，文化その他のあらゆる活動への参加を促進するための機会の確保を行うとしている。そして，これらの実施に関する国，地方公共団体，国民の責務を明らかにしている（第1条～第3条第2項）。

第4条にある身体障害者の定義は，別表にあげる身体上の障害がある18歳以

表６－２　身体障害者の定義

別表　（第４条，第15条，第16条関係）
一　次に掲げる視覚障害で，永続するもの
　1　両眼の視力（万国式試視力表によつて測つたものをいい，屈折異常がある者については，矯正視力について測ったものをいう。以下同じ。）がそれぞれ0.1以下のもの
　2　一眼の視力が0.02以下，他眼の視力が0.6以下のもの
　3　両眼の視野がそれぞれ10度以内のもの
　4　両眼による視野の２分の１以上が欠けているもの
二　次に掲げる聴覚又は平衡機能の障害で，永続するもの
　1　両耳の聴力レベルがそれぞれ70デシベル以上のもの
　2　一耳の聴力レベルが90デシベル以上，他耳の聴力レベルが50デシベル以上のもの
　3　両耳による普通話声の最良の語音明瞭度が50パーセント以下のもの
　4　平衡機能の著しい障害
三　次に掲げる音声機能，言語機能又はそしやく機能の障害
　1　音声機能，言語機能又はそしやく機能の喪失
　2　音声機能，言語機能又はそしやく機能の著しい障害で，永続するもの
四　次に掲げる肢体不自由
　1　一上肢，一下肢又は体幹の機能の著しい障害で，永続するもの
　2　一上肢のおや指を指骨間関節以上で欠くもの又はひとさし指を含めて一上肢の二指以上をそれぞれ第一指骨間関節以上で欠くもの
　3　一下肢をリスフラン関節以上で欠くもの
　4　両下肢のすべての指を欠くもの
　5　一上肢のおや指の機能の著しい障害又はひとさし指を含めて一上肢の三指以上の機能の著しい障害で，永続するもの
　6　１から５までに掲げるもののほか，その程度が１から５までに掲げる障害の程度以上であると認められる障害
五　心臓，じん臓又は呼吸器の機能の障害その他政令で定める障害で，永続し，かつ，日常生活が著しい制限を受ける程度であると認められるもの

出所：身体障害者福祉法より抜粋。

上の者であり，都道府県知事から身体障害者手帳の交付を受けたものである。別表の内容は表６－２の通りである。

身体障害者やその介護者の更生援護（自立と社会経済活動への参加を促進するための援助と必要な保護）は，居住地の市町村が行う。また都道府県はその実施に関して，市町村間の連絡調整や情報提供等を行うとしている（第９条，第10条）。

このほか，専門的な相談・指導等を行う身体障害者更生相談所の設置規定がある。都道府県に設置義務があり，身体障害者福祉司を必ず配置しなければならない（その他に医師，看護師，理学療法士などの専門職が配置される）。業務内容

は，身体障害者の医学的，心理学的及び職能的判定の実施，障害者総合支援法に規定する補装具の処方や適合判定の実施，市町村が行う介護給付費や地域相談支援給付費，自立支援医療費，補装具費などの支給に関して意見を述べるまたは業務に協力すること，市町村間の連絡調整や情報提供などがある（第11条）。

援護の内容としては，国民への身体障害の啓発や状況調査（第13条，第14条），身体障害者手帳（第15条），診査及び更生相談（第17条の２），障害福祉サービスや障害者支援施設等への入所等の措置に関する規定（第18条），盲導犬の貸与について（第20条），社会参加の促進等（製作品の購買，芸能，出版物等の推薦等）（第21条～第25条の２）が定められている。また，身体障害者社会参加支援施設として，身体障害者福祉センター，補装具製作施設，盲導犬訓練施設，視聴覚障害者情報提供施設が規定されており，無料または低額な料金で利用できる（第31条～第34条）。

身体障害者福祉法第15条に定める身体障害がある者に対して，都道府県知事（指定都市・中核市市長を含む）が交付する身体障害者手帳がある。身体障害者福祉法施行規則別表第５号「身体障害者障害程度等級表」において，障害の種類別に最も重度である１級から７級の等級が定められている。手帳に記載される等級は６級までであり，７級の障害は単独では交付対象とはならない（７級の障害が２つ以上重複する場合または７級の障害が６級以上の障害と重複する場合は対象となる）。また，身体障害のある児童も交付対象となる。

交付の申請は，交付申請書に都道府県知事等が指定した医師の診断書（意見書を含む）を添えて，居住地の市町村の福祉事務所（福祉事務所を設置しない町村は町村長）を経由して都道府県知事等に提出する。

（２）知的障害者福祉法

知的障害者福祉法の総則では，障害者総合支援法と相互に作用しあいながら，知的障害者の自立と社会を構成する一員として社会，経済，文化その他のあらゆる活動への参加を促進するための機会の確保を行うとしている（第１条～第２条第２項）。国，地方公共団体はこれらについて総合的に実施できるよう努めること，国民も協力するよう努めるといった責務を明らかにしている。また国，地方公共団体の職員は，実施される更生援護が児童から成人まで関連性をもって行われるよう相互に協力しなければならないとしている。

この法律において明確な知的障害の定義はない(1)。知的障害であると判定された者に交付される療育手帳という制度もあるが，これも後述する厚生事務次官通知に基づくものであり，自治体によって判定する区分などが異なっている。このように，法律に基づいた定義や基準がないのが知的障害においては特徴的である。

知的障害者やその介護者の更生援護は，居住地の市町村が行う。そして都道府県は，市町村相互間の連絡及び調整，市町村に対する情報の提供等を行う（第9条，第9条第5項，第11条）。

この他，専門的な相談や指導等を行う知的障害者更生相談所の設置規定がある。都道府県に設置義務があり，知的障害者福祉司を必ず配置しなければならない（この他に医師，看護師，心理職などの専門職が配置される）。業務内容は，18歳以上の知的障害者の医学的，心理学的及び職能的判定の実施，市町村が行う介護給付費や地域相談支援給付費などの支給に関して意見を述べるまたは業務に協力すること，市町村間の連絡調整や情報提供などがある（第12条〜第14条）。

この法律における援護の内容としては，障害福祉サービスを受けることが困難な障害者への対応や障害者支援施設等への入所等の措置に関する規定がある（第15条の4，第16条）。

知的障害者（児）に対しては，知的障害者福祉法に規定された手帳の制度はないが，1973（昭和48）年の「療育手帳制度について」という厚生事務次官通知に基づく制度がある。交付の対象となるのは，児童相談所または知的障害者更生相談所で知的障害と判定された者であり，都道府県知事または指定都市市長が交付する。障害の程度は，重度（A）とそれ以外（B）に区分する。この区分は自治体によって違いがあり，A1，A2，B1，B2 のように細かく設定している所もある。また，手帳の名称も統一ではなく，「愛の手帳」（東京都）などと呼ぶ自治体もある。交付の申請は，申請書を居住地の市町村の福祉事務所（設置のない町村は町村長）を経由して都道府県知事等に提出する。都道府県知事等は，児童相談所または知的障害者更生相談所の判定結果に基づいて交付決定する。手帳は有期認定であり，前述の厚生事務次官通知によると，原則２年ごとに判定を行うことになっている。

（3）精神保健福祉法

精神保健及び精神障害者福祉に関する法律（精神保健福祉法）の総則では，障害者総合支援法と相互に作用しあいながら，精神障害者の医療と保護を行うこと，精神障害者の社会復帰の促進及びその自立と社会経済活動への参加の促進のために必要な援助を行うこと，そして精神障害の発生の予防と国民の精神的健康の保持と増進を目的としている。そのためには国・地方公共団体及び医療施設の設置者は相互に連携をとり，福祉サービスの事業者との連携や地域住民の理解と協力を得るように努めなければならない。また，国，地方公共団体は調査研究や知識の普及等，障害発生の予防に努めること，国民も施策実施への協力と精神的健康の保持及び増進に努める責務を明らかにしている（第１条～第４条第２項）。

精神障害者の定義は，第５条において「統合失調症，精神作用物質による急性中毒又はその依存症，知的障害，精神病質その他の精神疾患を有する者をいう」としている。このなかに知的障害が含まれているが，福祉に関する内容は知的障害者福祉法の範疇となるため，この法律での知的障害者の福祉は除かれている。

このほかには，精神保健福祉センター，地方精神保健福祉審議会及び精神医療審査会，精神保健指定医・登録研修機関・精神科病院及び精神科救急医療体制，医療及び保護，保健及び福祉，精神障害者社会復帰促進センターについて述べられている。

保健及び福祉の内容には，精神障害者保健福祉手帳，相談指導等がある。相談指導等では，都道府県や保健所を設置する市・特別区は，精神障害者の福祉に関する相談に応じて，適切な医療機関を紹介しなければならないとしている（第45条～第47条）。

精神保健福祉センターは精神保健の向上及び精神障害者の福祉の増進を図るための機関として第６条に規定されており，都道府県が設置しなくてはならない。医師，看護師，精神保健福祉士などの専門職が配置される。主な業務としては，精神保健等の知識の普及や調査研究を行うこと，相談・指導のうち複雑または困難なものを行うこと，精神医療審査会の事務，精神障害者保健福祉手帳の交付の申請に対する決定，障害者総合支援法における介護給付費などの支給に関して意見を述べるまたは業務に協力すること，自立支援医療費の支給認定に関して精神障害の専門的知識や技術が必要なものの実施などがある。

精神科への入院については，精神疾患や障害特性からくる症状の悪化によって入院しなければ心身の安全が守られない状況にある場合は，本人の意思にかかわらず入院し治療を開始したり，本人の命を守るために行動を制限したりすることがある。しかし，どのような状況であっても適切に人権が守られる必要があり，そのために入院の仕組みや処遇が次のように定められている。

入院形態は次の５つである。

① 任意入院（第20条，第21条）：本人が入院の必要性を理解し，自ら選択して入院する。

② 措置入院（第29条）：２名以上の精神保健指定医の診察により，自分を傷つけたり他人に危害を加えようとするおそれがあると判断された場合に，都道府県知事の権限により入院する。

③ 緊急措置入院（第29条の２）：自傷や他害のおそれがある場合で，正規の措置入院の手続きがとれず，しかも急速を要するとき，精神保健指定医１名の診察の結果に基づき知事の決定により72時間を限度として入院する。

④ 医療保護入院（第33条）：医療と保護のために入院の必要があると判断され，本人の代わりに家族等が本人の入院に同意する場合，精神保健指定医の診察により医療保護入院となる。連絡のとれる家族等がいない場合には，市町村長の同意が必要となる。

⑤ 応急入院（第33条の７）：医療と保護のために入院の必要があると判断されたものの，その家族等の同意を得ることができない場合には，自傷他害のおそれはなく措置入院も不可の場合に限り，精神保健指定医の診察により，72時間以内に限り応急入院指定病院に入院となる。

任意入院が最も望ましいとされるが，そのほかの入院についても「告知義務[(2)]」があり，十分に説明がなされることが必要である。

入院の処遇については，患者の尊厳を尊重し，その人権に配慮しつつ適切な精神医療の確保及び社会復帰の促進に資するものでなくてはならない。精神医療機関では，病棟の出入りが自由にできる開放病棟と，出入り口が常時施錠され自由な出入りが制限される閉鎖病棟がある。任意入院であっても，その人の医療または保護を図ることが著しく困難であると医師が判断する場合には，開放処遇を制限することがあるが，制限開始後おおむね72時間以内に指定医の診察を要する。[(3)]

本人や周囲の人に危険が及ぶ可能性が著しく高く，隔離する以外の方法ではその危険を回避することが困難であると判断される場合には，その危険を最小限に減らし，本人の医療または保護を図ることを目的として精神保健指定医の判断で，隔離や拘束が行われる場合がある。しかし，こうした行動制限は必要最低限のものとされ，行動制限を行った場合には毎日診察して必要性を判断し，また「行動制限最小化委員会」を設置して，できるだけ制限を減らすように検討するとしている。

このような入院形態や処遇において，いかなる場合でも制約されない権利が保障され，患者の人権を守る仕組みがある。①信書の発受，②都道府県・地方法務局などの人権擁護に関する行政機関の職員，入院中の患者の代理人である弁護士との電話，③都道府県・地方法務局などの人権擁護に関する行政機関の職員，入院中の患者の代理人である弁護士，本人または家族の依頼により本人の代理人になろうとする弁護士との面会である。

精神障害者保健福祉手帳は，精神保健福祉法第45条に基づく手帳制度であり，知的障害のみの場合を除く精神障害者に対し都道府県知事または指定都市市長から交付される。申請のためには，初診から６か月以上経過していることが必要である。交付の申請は，申請書，医師の診断書または障害年金の年金証書を添えて，申請者の居住地の市町村長を経由して都道府県知事等に提出する。医師の診断書で申請する場合は，精神保健福祉センターで判定を行う。障害の等級は重度の１級から３級まであり，精神疾患の状況と生活能力障害の両面から総合的に判定する。手帳は有期認定であり，２年に１回都道府県知事等の判定を受けなければならない。

なお，ここまで述べてきた各種手帳の所持により，障害福祉サービスの受給，

JR・航空旅客運賃割引，有料道路の割引など，さまざまな割引や減免制度がある。また，所得税法による障害者控除，地方税法による個人住民税の控除等，税制上の特別措置などがあり，障害の種類や程度，手帳の種類によって利用できるものに違いはあるが，経済的な負担を軽減することができる。[(4)]

（4）発達障害者支援法

発達障害者支援法の総則において，発達障害者の心理機能の適正な発達及び円滑な社会生活の促進のために発達障害の早期発見と発達支援を行うことを国及び地方公共団体の責務として明らかにしている。また，発達障害者の就労の支援，発達障害者支援センターの指定等について定め，発達障害者の自立及び社会参加，生活全般にわたる支援を図ることを目的としている（第1条）。この法律における発達障害とは，自閉症，アスペルガー症候群その他の広汎性発達障害，学習障害，注意欠陥多動性障害その他これに類する脳機能の障害であってその症状が通常低年齢において発現するものとして政令で定めるものをいう（第2条）。

発達障害児・者への施策として，児童の発達障害の早期発見，早期の発達支援，保育・教育での適切な配慮，放課後児童健全育成事業の利用，就労支援，地域生活支援，権利擁護，発達障害者の家族支援について述べられている（第5条～第13条）。

第14条では，発達障害者支援センターの設置について規定されている。このセンターは，法律成立前の2002（平成14）年から，厚生労働省の事業としてはじめられており，現在はすべての都道府県・政令指定都市に設置され，民間への委託等その運営主体は多様である。発達障害者支援センターの業務は，以下の通りである。①発達障害の早期発見，早期の発達支援のため発達障害者及び家族に対して専門的に相談・助言を行う。②発達障害者に対し専門的な発達支援及び就労支援を行う。③医療や福祉等の関係機関及び民間団体並びにこれに従事する者に対し発達障害についての情報提供及び研修を行う。④発達障害に関して，医療等の業務を行う関係機関及び民間団体との連絡調整を行う。⑤①～④にあげる業務に附帯する業務。

3　児童福祉法における障害児

児童福祉法第４条第２項において，障害児の定義を「障害児とは，身体に障害のある児童，知的障害のある児童，精神に障害のある児童（発達障害者支援法第２条第２項に規定する発達障害児を含む。）又は治療方法が確立していない疾病その他の特殊の疾病であつて障害者の日常生活及び社会生活を総合的に支援するための法律（平成17年法律第123号）第４条第１項の政令で定めるものによる障害の程度が同項の厚生労働大臣が定める程度である児童をいう」としている。これまで述べてきた障害種別各法における障害の定義に当てはまる18歳未満の者は児童福祉法の対象となる。

この法律には，児童相談所が規定されており，障害児についても相談支援や必要な調査判定を行うこととしている。また，障害児に対する福祉サービスである，児童発達支援，医療型児童発達支援，放課後等デイサービス，保育所等訪問支援，障害児入所支援（福祉型・医療型），これらのサービスの給付費や措置について及び障害児相談支援などが定められている。

注

⑴　法的な定義ではないが，2000（平成12）年の厚生省の知的障害児（者）基礎調査での定義「知的機能の障害が発達期（おおむね18歳まで）にあらわれ，日常生活に支障が生じているため，何らかの特別の援助を必要とする状態にあるもの」がよく引用される。

⑵　精神科病院への入院時には，入院形態にかかわらず，入院の種類・入院中の制限や権利，退院の請求等について十分な説明が口頭及び書面で告知され，本人に手渡されることになっている。

⑶　「精神保健福祉法第37条第１項の規定に基づき厚生労働大臣が定める基準」（昭和63年厚生省告示第130号）の規定による。

⑷　各自治体において，ウェブサイト等に障害者に関する割引・減免制度や福祉措置，障害者に関する税制上の特別措置について掲載している。

参考文献

鈴木四季監修（2018）『身近な人が障害をもったときの手続きのすべて』自由国民社。
日本ソーシャルワーク教育学校連盟編（2021）『障害者福祉』中央法規出版。
福祉小六法編集委員会編（2022）『福祉小六法　2022年版』みらい。
渡部伸監修（2019）『障害のある子が将来にわたって受けられるサービスのすべて』自由国民社。
DPI日本会議編（2012）『最初の一歩だ！　改正障害者基本法――地域から変えていこう』解放出版社。

学習課題

① 障害者基本法第３条第３項では，言語（手話を含む）その他の意思疎通のための手段についての選択の機会が確保されることが示されている。手話は文化・言語的権利の対象と位置づけられ，各自治体では「手話言語条例」の制定が進められているが，どのような内容かを調べてみよう。
② 自分の住んでいる自治体では，障害者手帳を取得することでどのようなサービスを受けることができるのかを調べてみよう。

コラム　障害のある人の自立をどう考えるか

障害のある人の生活を支援する場面では，よく「自立」という言葉が使われている。障害者基本法や関連法でも目的や理念のなかで使用されているこの言葉にはどのようなイメージをもつだろうか。

障害者の自立について注目されるようになったのは，脳性麻痺など重度の障害者らを中心とした1970年代の自立生活運動である。保護と称して実質的に社会から隔離された障害者が多くいたが，障害者は主体的存在であるとして障害をもたない人たちと同様に生活していける社会をめざし，今まで声を上げ続けている。そしてそのなかで，身辺自立や経済的自活にかかわりなく自立生活は成り立ち，そのための自己決定権の行使を自立と捉えるという新しい概念を提起した。一方で，国の施策のなかでは現在までの障害者基本法において個人の尊厳や自立と社会参加について示されてきたものの，その文章から自立の意味を見出すことは難しい。そして障害者自身も進んで社会経済活動に参加するよう努めなければならないと自立への努力が規定された時期もあった。

日本の自立生活運動や障害者施策をけん引してきた，自身も重度の障害がある中西正司氏は，「『１日24時間介助を受けているのに，自立した生活と言えるのか』と考える人は多いと思います。自立というと，他の人の世話にならずに単独で生きることを想像しますね。でも，誰もが自分のニーズを満たす社会サービスを使い，誰かに支えられている。自分のことを自分で決めることができているのであれば，24時間の介助を受けていても自立と言えます」と述べている。障害者の自立はこれまでさまざまな整理がなされているところではあるが，多数派の人ができていることに近づけようとすることや，本人の努力を前提とする自立であってはならないといえるのではないだろうか。佐野（2014）は，自立とは条件をクリアするものではなく他者との関係のなかでなされ，自立しようとする者と支えようとする者とお互いの働きのなかで実現すると指摘している。自立という言葉のもつ意味を社会や支援者がどのように理解するかによって，実現の形は変わってくることを心に留めたい。あなたはどう考えるだろうか。

参考文献：朝日新聞デジタル「介助を受けても自立した生活？自立生活運動のリーダーはこう考える」（https://www.asahi.com/articles/ASQ3Q4Q13Q2XPTLC007.html　2022年３月23日閲覧）。佐野真紀（2014）「自立を支援するとはどういうことか――援助者の自立との関わりにおいて」『障害者教育・福祉学研究』10，21～25頁。

第7章

障害者総合支援法

2005（平成17）年に障害者自立支援法が公布され，2006（平成18）年4月1日施行された。これは，支援費制度に代わって，障害者の地域生活と就労を進め，自立を支援する観点から，これまで障害種別ごとに異なる法律に基づいて提供されてきた障害福祉サービス，公費負担医療制度などについて，共通の制度のもとで一元的に提供する仕組み（自立支援給付の対象者，内容，手続き，地域生活支援事業，費用負担）を創設し，障害者または障害児に必要なサービスを安定して提供できるような抜本的な改革をめざしたものであった。さらに，2012（平成24）年には，障害者自立支援法施行後のいくつかの問題点を解消するため，法律の内容を改正して，法律名も「障害者の日常生活及び社会生活を総合的に支援するための法律」（障害者総合支援法）に改められ，2013（平成25）年4月1日施行された。この法律は障害者への支援・サービスに関するさまざまな事項について定めたものであり，障害者福祉において非常に重要な法律のひとつである。

本章では，障害者の自立や社会参加を支援するための法律である障害者総合支援法の理念や目的をおさえたうえで，その内容について理解を深めてもらいたい。

1　障害者総合支援法とは

（1）成立の背景

障害者福祉制度は，2003（平成15）年4月1日に支援費制度が導入され，措置制度から契約制度に改められた。それにともない，「利用者本位」が叫ばれ，障害福祉サービスや福祉事業者が障害者自身の自己選択によって選べると同時に，自己責任も問われるようになった。これは利用者がサービス提供者側と対等な立場で，契約に基づき，サービスを利用するというものである。支援費制度がはじまり，サービス対象が拡大したことで，これまでさまざまな制約があってサービスが利用できなかった知的障害者や障害児のサービス利用が飛躍的に伸びた。しかし，そのことが財政を圧迫し，支援費制度の財源不足を招くことになった。一方で精神障害者については，支援費制度の対象外となるなど，障害種別ごとのサービス格差，サービス水準の地域格差といった課題が浮上した。

そこで国は，支援費制度の是正を図るべく，新たに障害者自立支援法を制定し，この法律が2006（平成18）年４月１日から施行された。法律の内容として盛り込まれたのは，主に下記の内容である。①支援費制度では対象外だった精神障害者を制度に組み入れ，サービス提供主体を市町村に一元化を図り，障害の種類（身体障害，知的障害，精神障害）にかかわらず，共通の福祉サービスを提供，また認定調査による障害程度区分による支給決定方式の導入[(1)]，②障害種別ごとの施設・事業体系を６つの事業に再編，③収入に応じて費用を支払う応能負担からサービスを利用した分だけ原則１割の負担が生じる応益負担への変更，サービスの事務的経費（費用の２分の１負担）の導入，④地域生活支援事業の実施など。

しかし，この制度の運用が開始されると，応能負担から応益負担への変更により利用者負担が増加したことで，低所得世帯が多いため，サービスの利用負担ができない障害者が多数出現し，利用している居宅介護や通所サービスなどのとりやめや入所施設からの退所が相次いだ。利用者がいなくなると障害者施設の運営も当然に苦しくなる。結果的に施設職員の人員や給与の削減，退職の増加など予期しない結果を生んだ。こうした状況に障害者から疑問の声が大きくあがり，全国で障害者自立支援法違憲訴訟が起こされた。

また国も福祉サービス事業者の激変緩和に対応する必要があり，特別対策や緊急措置を次々と行った。2010（平成22）年には，障害者自立支援法等の一部改正を行い，利用者負担を原則応能負担（市町村民税非課税の障害者）とすること，相談支援の充実，障害児支援の強化，同行援護の創設などを行っている。国は，新たな制度を作るため，内閣府に障がい者制度改革推進本部を設置し，その下に障がい者制度改革推進会議をおき，その下の総合福祉部会で具体的な検討を重ねた。その結果，障害者自立支援法を一部改正する形で障害者総合支援法が2013（平成25）年４月１日に施行された。

（２）目的と理念

障害者総合支援法の目的は，第１条で次のように述べられている。

　この法律は，障害者基本法（昭和45年法律第84号）の基本的な理念にのっとり，身体障害者福祉法（昭和24年法律第283号），知的障害者福祉法（昭和35年法律第37号），精神保健及び精神障害者福祉に関する法律（昭和25年法律第123号），児童福祉法（昭和22年法律第164号）その他障害者及び障害児の福祉に関する法律と相まって，障害者及び障害児が基本的人権を享有する個人としての尊厳にふさわしい日常生活又は社会生活を営むことができるよう，必要な障害福祉サービスに係る給付，地域生活支援事業その他の支援を総合的に行い，もって障害者及び障害児の福祉の増進を図るとともに，障害の有無にかかわらず国民が相互に人格と個性を尊重し安心して暮らすことのできる地域社会の実現に寄与することを目的とする。

そして第１条の２には基本理念がおかれ，次のように規定している。

　障害者及び障害児が日常生活又は社会生活を営むための支援は，全ての国民が，障害の有無にかかわらず，等しく基本的人権を享有するかけがえのない個人として尊重されるものであるとの理念にのっとり，全ての国民が，障害の有無によって分け隔てられることなく，相互に人格と個性を尊重し合いながら共生する社会を実現するため，全ての障害者及び障害児が可能な限りその身近な場所において必要な日常生活又は社会生活を営むための支援を受けられることにより社会参加の機会が確保されること及びどこで誰と生活するかについての選択の機会が確保され，地域社会において他の人々と共生することを妨げられないこと並びに障害者及び障害児にとって日常生活又は社会生活を営む上で障壁となるような社会における事物，制度，慣行，観念その他一切のものの除去に資することを旨として，総合的かつ計画的に行わなければならない。

この条文には，「社会における参加」と「障害のない者との平等」が盛り込まれている。

（3）法の対象者

法の対象となる「障害者」の定義については，第4条第1項に示されている。すなわち障害者とは，「身体障害者福祉法第4条に規定する身体障害者，知的障害者福祉法にいう知的障害者のうち18歳以上である者及び精神保健及び精神障害者福祉に関する法律第5条に規定する精神障害者（発達障害者支援法（平成16年法律第167号）第2条第2項に規定する発達障害者を含み，知的障害者福祉法にいう知的障害者を除く。以下「精神障害者」という。）のうち18歳以上である者並びに治療方法が確立していない疾病その他の特殊の疾病であって政令で定めるものによる障害の程度が厚生労働大臣が定める程度である者であって18歳以上であるもの」と定義されている。なお，2013（平成25）年からは，難病等の患者を新たに障害者とみなし，この法律の対象に追加されている。

また障害児については，同条第2項で「児童福祉法第4条第2項に規定する障害児」とされており，児童福祉法第4条第2項をみると，「身体に障害のある児童，知的障害のある児童，精神に障害のある児童（発達障害者支援法（平成16年法律第167号）第2条第2項に規定する発達障害児を含む。）又は治療方法が確立していない疾病その他の特殊の疾病であつて障害者の日常生活及び社会生活を総合的に支援するための法律（平成17年法律第123号）第4条第1項の政令で定めるものによる障害の程度が同項の厚生労働大臣が定める程度である児童」と定義されている。

つまり，障害者とは，身体障害者，知的障害者，精神障害者（発達障害者を含む），難病患者で18歳以上の者，障害児とはこれらの障害・疾病のあるもののうち18歳未満の者をいう。

2　障害者総合支援法における障害福祉サービス及び相談支援

障害者総合支援法は，障害者の自立支援を行うために必要な現物給付サービスを体系的に提供するための法律である。そのサービス体系は，自立支援給付と地域生活支援事業に大きく分けられている（図７-１）。自立支援給付は，義務的経費に位置づけられ，全国共通の制度として利用者一人ひとりの状況を勘案して個別に支給決定されるサービスである。地域生活支援事業は，裁量的経費に位置づけられ，その地域（都道府県・市町村）の状況に応じて柔軟に実施されるサービスである。さらに細分化すると，サービス内容は，「介護給付」「訓練等給付」「相談支援」「地域生活支援事業」の４つの柱で構成されている。

（１）介護給付

介護給付は，施設（入所・通所）での支援サービスと在宅での支援サービスで構成される。１か月に利用可能なサービス量は在宅サービスでは時間数，施設サービスでは日数で提供される。

①　居宅介護

利用者の居宅などを訪問し，入浴，排泄などの身体介護，買物，食事の提供，清掃などの家事援助，通院等介助を行う。いわゆるホームヘルプサービスと呼ばれる。30分から２時間程度の短時間の利用が中心となる。障害支援区分１以上，通院等介助（身体介助を伴う場合）のみ区分２以上，障害別区別はない。

②　重度訪問介護

常時介護を必要とする重度の肢体不自由者，知的障害者及び精神障害者に居宅等における入浴，排泄，食事の介助をはじめ，移動，移動における支援も含まれ，外出先のどこでも利用できるが，学校や職場では利用不可となっている。障害支援区分４以上の居宅生活（自宅またはグループホームなど）を送る身体障

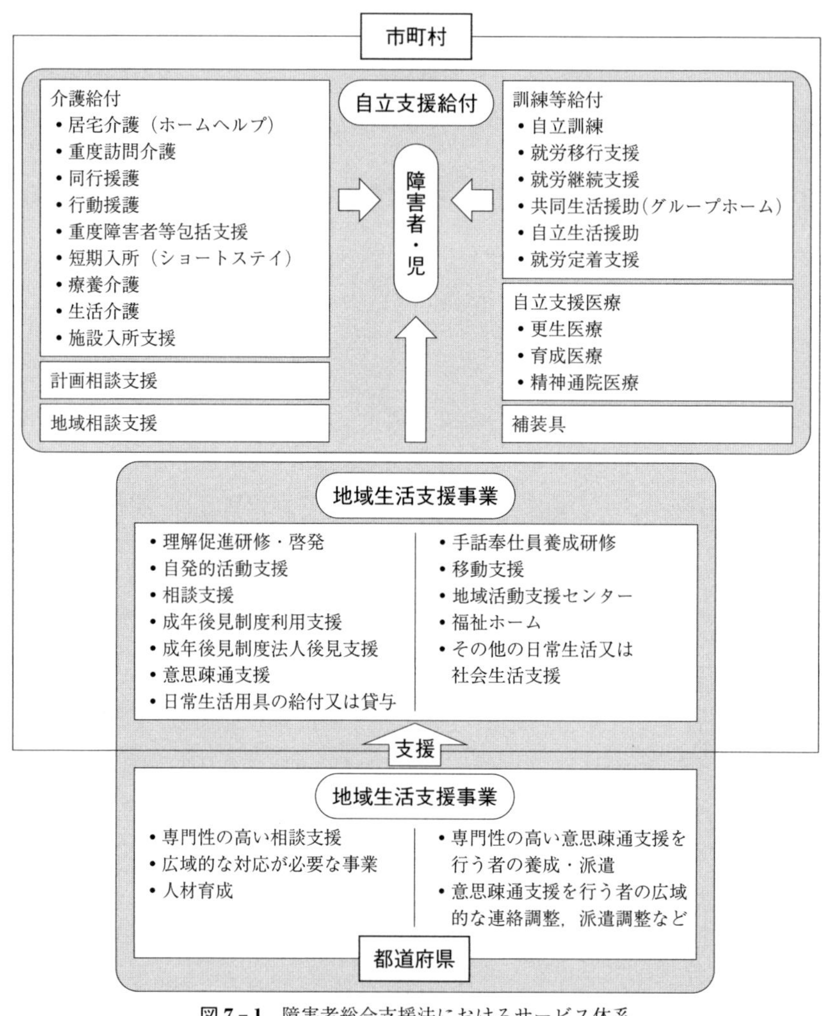

図7－1　障害者総合支援法におけるサービス体系

出所：杉本敏夫・柿木志津江編著（2016）『障害者福祉論』ミネルヴァ書房，69頁を一部筆者改変。

害者と行動援護事業者等のアセスメントを受けた知的障害者，精神障害者が利用可能である。障害支援区分6の場合は，入院中も利用が可能となっている。介護給付のなかでは最も柔軟性が高く，8時間を超える長時間利用も可能である。

2014（平成26）年４月以前は重度の肢体不自由者だけが利用を認められていたが，同年４月１日より重度の知的障害者及び精神障害者も対象になった。

③　同行援護

2011（平成23）年10月から，移動支援事業のうちの重度視覚障害者に対する個別支援が「同行援護」として創設された。対象者は，視力障害，視野障害，夜盲などによる移動障害について，アセスメント票を使用して判定することとし，業務の内容に「代筆と代読」の介助が含まれることが明確化された。身体介護を伴わない場合は，障害支援区分を要しないが，身体介護を伴う場合は，障害支援区分２以上が対象となる。

④　行動援護

常に介護を要する知的障害児・者や精神障害者が，行動上著しい困難を伴う場合，主に外出先で利用する専門性の高いサービスである。環境との関係で本人が自分や周囲の人・物を傷つけてしまう場合などに危険を回避するために利用する。障害支援区分３以上が必要となる。障害児の場合は，これに相当する心身の状態の者を対象とする。

⑤　療養介護

常時介護を必要とし医療を要する障害者（筋萎縮性側索硬化症，筋ジストロフィーなど）に，主として昼間において，厚生労働省令で定める病院，その他の施設で機能訓練，療養上の管理等及び食事，入浴，排泄などの日常的支援を提供する。障害支援区分５か６が対象となる。

⑥　生活介護

日中，厚生労働省令で定められた施設（通所施設や障害者支援施設など）において，入浴，排泄，食事の介助，創作的活動または生産活動の機会を提供する。デイサービスと一般的に呼ばれており，通所での利用と施設入所支援を組み合わせた入所施設での利用がある。障害者総合支援法で最も利用者数が多い，日中活動の中心的サービスである。障害支援区分３以上が必要であるが，常時介護を要する50歳以上の者は，障害支援区分２から利用可能である。障害者支援施設に入所する場合は，障害支援区分４以上を対象としているが，50歳以上の者で障害者支援施設に入所する場合は，障害支援区分３以上を対象としている。

⑦　短期入所

家族等の介護者の休息，旅行，疾病等で自宅での介助が難しい場合に，施設等において，短期間，食事，入浴，排泄などの日常的支援を提供する。主に夜間や週末などに利用される。障害支援区分１以上を対象としている。

⑧　重度障害者等包括支援

介護の程度が著しく高い常時介護を要する障害児・者等に，居宅介護，重度訪問介護，同行援護，行動援護，生活介護，短期入所，共同生活援助等を包括的に提供できるサービスである。障害支援区分６が対象となる。

⑨　施設入所支援

日中に生活介護や療養介護などで支援を受けた利用者に対して，夜間において，入浴，排泄，食事などの支援を行うサービスである。障害支援区分４以上の障害者を対象としている。50歳以上の障害者の場合は，障害支援区分３以上が対象となる。

（２）訓練等給付

訓練等給付は，自立訓練（機能訓練・生活訓練），就労移行支援，就労継続支援，就労定着支援，自立生活援助，共同生活援助を受けたときに支給される。共同生活援助で入浴，排泄，食事等の介助を伴うものを除き，障害支援区分の認定がなくても利用ができ，区分による利用制限も存在しない。

①　自立訓練（機能訓練）

身体障害者，知的障害者，精神障害者に対して，自立した日常生活または社会生活を営むことができるよう，定められた期間（１年６か月）にわたり，身体機能の維持，回復，向上などのために必要なリハビリテーションを行う。通所や訪問によって提供される。従来，機能訓練は身体障害者が利用対象となっていたが，重複障害者の存在などの課題に対応するために，2018（平成30）年４月より，障害種別限定が解除となっている。

②　自立訓練（生活訓練）

身体障害者，知的障害者，精神障害者に対して，地域での適応のための訓練や支援，相談を行う。施設でも在宅でも提供は可能である。定められた期間（2年間）にわたり，身体機能または生活能力の向上のために必要な生活訓練を行う。従来，生活訓練は知的障害者，精神障害者が利用対象となっていたが，重複障害者の存在などの課題に対応するために，2018（平成30）年4月より，障害種別限定が解除となった。

③　就労移行支援

65歳未満の企業等での一般就労が可能と見込まれる障害者に対し，定められた期間（原則2年間）にわたり，生産活動，その他の活動の機会を提供し，就労に必要な知識及び能力の向上のために必要な訓練等を行う。地域障害者職業センター，公共職業安定所（ハローワーク），障害者就業・生活支援センターと連携して職場体験，職業訓練等を提供する。

④　就労継続支援（雇用型，非雇用型）

通常の事業所に雇用されることが困難な障害者に就労の機会や生産活動，その他の活動の機会を提供し，就労に必要な知識及び能力の向上のために必要な訓練，その他の援助を行う。A型は65歳未満の障害者となっており，雇用型で原則，労働法の適用を受ける。B型は非雇用型で労働法の適用を受けない。

⑤　就労定着支援

2018（平成30）年4月から新設された。生活介護，自立訓練，就労継続支援，就労移行支援の利用を経て，一般就労した障害者などで，就労に伴う環境変化により生活面の課題が生じている者が対象となる。支援内容は，障害者との相談を通じて，生活面の課題を把握するとともに，企業や関係機関等との連絡調整や生活支援，課題解決に向けて必要となる支援を実施する。月1回以上の利用者との対面支援，月1回以上の企業訪問を行うよう努めることとなっている。

⑥　自立生活援助

2018（平成30）年4月から新設された。障害者支援施設や病院，グループホーム等から一人暮らしへの移行を希望する知的障害者や精神障害者などについて，自立した日常生活を営むうえで必要となる支援や相談を行う。定期的に利用者の居宅を月2回以上巡回訪問し，「食事，洗濯，掃除などの日常生活に問題はないか」「電気代や水道料金などの公共料金や家賃の滞納はないか」「体調に変化はないか，医療機関に通院できているか」「近隣住民との関係でトラブルはないか」といったことについての確認を行い，必要な助言や医療機関などとの連絡調整を行うとともに，利用者からの相談・要請があった際は，訪問，電話，メールなどによる対応も随時行う。定められたサービス提供期間は１年である。

⑦　共同生活援助（グループホーム）

障害者に対して，主に夜間や週末に，共同生活を営む住居において相談，入浴，排泄，食事などの支援を行うサービスである。一般的にはグループホームと呼ばれている。2014（平成26）年４月１日からは，共同生活介護（ケアホーム）と統合された。

利用対象者は，就労し，または就労継続支援等の日中活動を利用している障害支援区分が１～６または区分１～６のいずれにも該当しない身体障害者，知的障害者，精神障害者及び難病患者等であって，地域において自立した日常生活を営むうえで，援助を必要とする者である。家賃，食費は自己負担だが，2011（平成23）年10月から，入居者の所得状況等を勘案し，入居者への支援として１万円の家賃補助（特定障害者特別給付費）が事務所または本人に支給される。グループホーム内での支援を包括的に提供する「介護サービス包括型」と，世話人のみを配置し，居宅介護事業者等にサービスを委託する「外部サービス利用型」に分かれる。

また2018（平成30）年４月より，障害者の重度化・高齢化に対応できる共同生活援助の新たな類型として「日中サービス支援型共同生活援助」が創設されている。重度障害により通所が困難な利用者を念頭に置いている。日中も夜間も終日グループホームで支援を行うものである。

（３）相談支援事業

相談支援事業は，2006（平成18）年４月に施行された障害者自立支援法において，地域生活支援事業の市町村必須事業と位置づけられ，重要な役割とされた。障害者自立支援法の一部改正によって，2012（平成24）年４月より，地域移行支援・地域定着支援が個別給付化され，児童福祉法で定められた障害児相談支援も含め，相談支援が体系化された。また計画相談支援の対象が障害福祉サービスを申請した障害者へと大幅に拡大された。相談支援体制については，地域における相談支援の拠点として，市町村が基幹相談支援センターを設置し，相談支援体制の強化が図られている。

また2013（平成25）年に施行された障害者総合支援法では，地域支援体制づくりに重要な役割を果たしてきた自立支援協議会が「協議会」として法律上に位置づけられている[(2)]。

さて，相談支援事業所で提供している相談支援は３種類あり，利用者からの相談内容によって，①基本相談支援，②地域相談支援，③計画相談支援に分けられる。

①　基本相談支援

基本相談支援は，主に障害者本人や家族などからの相談に応じ，情報提供や助言，必要な障害福祉サービスの利用につなげる支援や，関係機関との連絡調整などを行う。

②　地域相談支援

地域相談支援は，都道府県，政令市，中核市が指定する一般相談支援事業者が実施する。地域相談支援は「地域移行支援」と「地域定着支援」からなる。地域移行支援は，施設に入所している障害者や精神科病院に入院中の精神障害者等に対して，退所前から住居の確保や生活支援に関する相談や援助等を行う。地域定着支援は，居宅にて単身等で生活をする障害者に対し，常時の連絡体制を確保し，相談や緊急時の駆けつけなどの対応を行う。

③　計画相談支援

計画相談支援は，市町村が指定する特定相談支援事業者が実施する障害福祉サービス利用のための相談支援である。まず，サービス利用支援でサービス等利用計画を作成し，継続サービス利用支援で一定期間ごとにそのサービス利用が現状と照らし合わせて適切かどうかを検証（モニタリング）し，必要に応じて計画を修正する。

児童福祉法に基づく障害児向けのサービスに関する相談支援については，指定障害児相談支援事業者が「障害児相談支援」を行い，障害児支援利用計画を作成する。障害児が障害者総合支援法に基づく障害福祉サービスを利用する場合は，指定特定相談支援事業者がサービス等利用計画を作成する。サービス等利用計画は，障害者総合支援法のサービスだけではなく，医療資源，民間企業のサービス，地域のインフォーマルな組織，資源などの活用についても必要に応じて盛り込むというのが制度的な位置づけとなっている。

3　障害福祉サービスの支給決定のプロセス

（1）支給決定の流れ

障害福祉サービスは，障害者総合支援法において全国的に統一された支給決定・サービス利用のプロセスに基づいて支給が決定される（図7-2）。介護給付と訓練等給付では，利用プロセスに違いがある。介護給付では，申請，障害支援区分の認定，サービス利用意向の聴取，勘案事項調査，サービス等利用計画案作成といったプロセスを経て支給決定に至る。

一方，訓練等給付では，申請（障害支援区分の一次判定），サービス利用意向の聴取，勘案事項調査，サービス等利用計画案作成，暫定支給決定，訓練・就労評価，個別支援計画作成といったプロセスを経て支給決定に至る。

（2）介護給付

①　申請

介護給付を利用しようとする場合，障害者及び障害児の保護者は，市町村の支給決定を受けなければならない。申請は本人または障害児の保護者が行うことになっているが，代理人が行ってもよいことになっている。支給決定は障害者または障害児の保護者の居住地の市町村が行うので，居住地の市町村に申請する。居住地をもっていない場合や不明の場合は，現在地の市町村が支給決定を行うことになっている。また，障害者支援施設に入所している場合は，施設入所前に居住していた市町村が支給決定を行い，介護給付費等を支給する。このことを住所地特例という。申請を受けた市町村は，障害支援区分の認定手続きを行う。

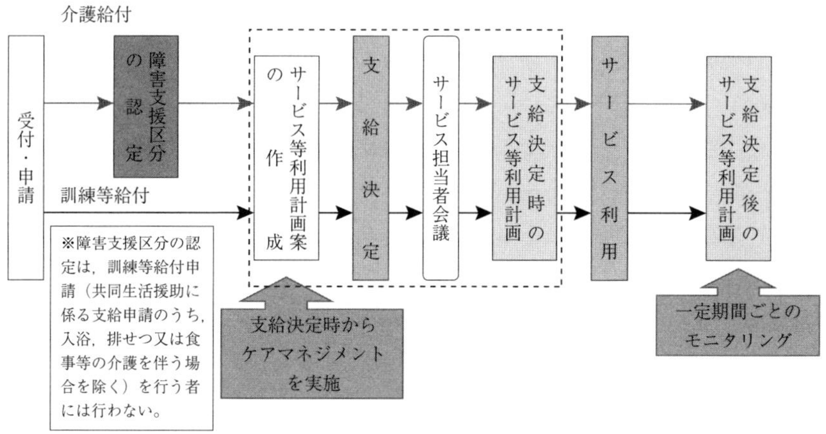

図７－２　障害者総合支援法の支給決定プロセス

出所：大阪府「障害者自立支援法等の一部を改正する法律の概要」(https://www.pref.osaka.lg.jp/attach/1192/00328912/05-2%204-3sanko.pdf　2022年９月30日閲覧）を筆者一部改変。

② 認定調査

障害支援区分とは，障害者総合支援法第４条第４項において「障害者等の障害の多様な特性その他の心身の状態に応じて必要とされる標準的な支援の度合いを総合的に示すもの」とされている。障害福祉サービスの必要の度合い，支援ニーズの大きさを表したものといえるだろう。よって，障害の程度を表したものではなく，障害者手帳の等級や年金の等級とは直接は連動していない。障害支援区分は区分１～６まであり，支援区分１が支援の必要性が最も低く，支援区分６が支援の必要性が最も高いとされる。介護保険制度の要介護度と異なるところは，障害支援区分は個人のサービスの利用量の月ごとの上限を決定するための基準ではないという点である。障害支援区分は国から市町村に対する国庫負担基準額の上限と連動して，国と市町村の間でのみ必要な予算配分の目安に過ぎない。個人の支給決定の場面では，サービスごとに利用できる障害支援区分が決められているが，障害者個人の支給決定量を直接的に制限される仕組みにはなっていない。

障害支援区分の認定のために，障害者の心身の状態を把握する認定調査が実施される。その認定調査は，市町村が自ら実施するか，あるいは指定一般相談支援事業者等に委託することができる。そのほか，障害児・者または障害児の保護者の居住地が遠隔地の場合，他の市町村に委託することができる。認定調査にあたっては，原則居宅に訪問し，障害児・者に面接し，心身の状況や周囲の環境，置かれている状況などの概況調査票，認定調査票，その他の特記事項をもとに実施される。居宅を訪問するのは，自宅での生活状況を調査員が直接確認する必要があるからである。

認定調査票は，移動や動作等に関連する項目（12項目），身の回りの世話や日常生活等に関連する項目（16項目），意思疎通等に関連する項目（６項目），行動障害に関連する項目（34項目），特別な医療に関連する項目（12項目）の５つの領域から80項目の調査項目で構成されている。

特記事項については，調査員が５つの領域における各調査項目に関する特記事項を記入する。

③　医師意見書

障害支援区分の認定において医師の意見書が必要となる。医師意見書は，医学的観点から，疾病，身体の障害の状況，精神の状況介護に関する所見などの意見を述べるものである。一次判定を補足する資料で，医師意見書は，その一部（麻痺，関節の拘縮，精神症状・能力障害・二軸評価，生活障害評価，てんかん）で活用される。

④　一次判定

認定調査票の結果及び医師意見書の一部項目の結果を一次判定ソフトウェアを導入したコンピュータで処理を行い，非該当または障害支援区分１～６のいずれに該当する可能性が高いかを判定する。

⑤　二次判定

介護給付では一次判定を経て，市町村審査会において二次判定が行われる[(3)]。市町村審査会では，一次判定の結果をもとに特記事項及び医師意見書の内容を総合的に勘案して障害支援区分の審査判定が行われる。障害支援区分の審査判定（非該当，障害支援区分１～６）のほか，有効期限（原則３年）に関する意見，市町村が支給決定する際に考慮すべき事項に関して意見を述べることになっている。この市町村審査会の二次判定を経て，市町村が障害支援区分の認定を行い，有効期限，結果及びその理由を付記して障害児・者の保護者に通知する。なお，障害支援区分が非該当となると，介護給付を利用することができない。また，障害支援区分及び年齢によって介護給付サービス内容や量に制限が設けられている（第２節の介護給付の項を参照のこと）。

⑥　支給決定のための勘案事項等

障害支援区分は，あくまでも障害児・者の心身の状況や障害福祉サービスの必要性を客観的に表したものに過ぎない。障害支援区分だけをもって支給の可否や量などが決定されるのではない。市町村は，障害児・者がどのサービスをどれだけ使うことができるかを市町村審査会の意見，サービス等利用計画案，障害支援区分，障害者本人のサービス利用意向，日中及び社会活動や介護者・居住の状況を勘案して，総合的な観点から支給要否の決定を行う。

⑦　サービス等利用計画

相談支援専門員が障害児・者，家族の意向や総合的な援助の方針や解決すべき課題をふまえ，適切なサービスの組み合わせ等を検討し，作成するものであり，障害福祉サービスを利用するすべての障害児・者及び障害児通所支援を利用するすべての障害児に作成が義務づけられている（障害児通所支援については「障害児支援利用計画」を作成）。サービス等利用計画作成にあたっては，障害児・者の生活を総合的に勘案することからケアマネジメントの手法が有効とされている。

⑧　支給決定

支給決定とは，利用者が障害者総合支援法におけるサービスを利用する際に行政が行う行政処分のことである。市町村は支給決定にあたって，障害支援区分の認定，支給要否決定を行う。障害福祉サービスの種別，サービスの月ごとの支給決定量，支給決定の有効期限を定め，「障害福祉サービス受給者証」を障害者または障害児の保護者に交付しなければならない。

市町村は，支給要否決定を行うにあたって必要と認めるときは，市町村審査会または身体障害者更生相談所，知的障害者更生相談所，精神保健福祉センター，児童相談所などに意見を聴くことができる。支給が決定したら，障害者及び障害児の保護者は，サービスを提供している施設・事業所を選び，利用に向けての契約を結ぶ。その後，サービス利用が開始される。

⑨　不服申し立てによる審査請求

障害者総合支援法は，障害支援区分，支給決定内容，利用者負担に不服がある場合は，都道府県知事に審査請求を行うことができる。原則として，結果通知を知った日の翌日から起算して90日以内に行うことになっている（第101条）。ただし，処分から1年を経過するとできない。都道府県知事は，審査請求の審理を公正かつ適正に行うために，障害者介護給付費等不服審査会（不服審査会）を置くことができることになっている（第98条第1項）。審査会の構成員は，障害者等の保健または福祉に関する学識経験者である。多くの都道府県は，審査会に審査を依頼する形態となっている。

（3）訓練等給付

訓練等給付の利用に際しても，介護給付と同様，市町村への申請からはじまる。訓練等給付（共同生活援助を除く）の場合は，障害支援区分の認定は不要であるため，認定調査の結果は障害支援区分認定のためではなく，暫定支給決定の際，利用者の優先順位などを決めるうえでの参考程度として用いられる。ただし，共同生活援助で介護が必要な場合は，障害支援区分認定が必要となる。また，自立訓練の場合，待機期間のほか，認定調査項目のうち訓練等給付に関連する項目の調査結果をスコア化し，暫定支給決定の優先順位を考慮する際の参考指標として用いられる。

申請後，勘案事項調査及びサービス利用意向の聴取を行い，サービス等利用計画案作成後，正式な支給決定の前に暫定支給決定が行われる。暫定支給は，利用者にとって受けているサービスが適切かどうかを判断するためで，一定期間経過後，本人の利用意向や訓練・就労の効果の可能性を評価することになっている。効果の可能性が見出せない場合は，サービスの種類の見直しや他の事業所で再評価を受けることになる。本人の利用意思が確認され，効果の可能性が見出せた場合，暫定支給で利用している事業所が初期評価として支援の到達目標や支援内容などを記載した個別支援計画案を作成する。市町村はこれを受け支給決定を行う。

表7－1　障害者の利用者負担

区　分	世帯の収入状況	負担上限月額
生活保護	生活保護受給世帯	0円
低所得	市町村民税非課税世帯(注1)	0円
一般1	市町村民税課税世帯（所得割16万円(注2)未満） ※入所施設利用者（20歳以上），グループホーム利用者を除きます(注3)。	9,300円
一般2	上記以外	37,200円

注1：3人世帯で障害基礎年金1級受給の場合，収入が概ね300万円以下の世帯が対象となります。
注2：収入が概ね600万円以下の世帯が対象になります。
注3：入所施設利用者（20歳以上），グループホーム利用者は，市町村民税課税世帯の場合、「一般2」となります。
出所：厚生労働省「障害者の利用者負担」(https://www.mhlw.go.jp/bunya/shougaihoken/service/hutan1.html　2022年9月30日閲覧)。

自立訓練，就労移行支援は，原則支給期限経過後の更新は行わないこととなっている。ただし，訓練の継続によって，地域移行，一般就労等の成果が期待されると評価された場合は，一定期間の更新が可能となっている。

（4）利用者負担

障害者総合支援法の障害福祉サービスを利用した場合，利用したサービスに要する費用の一部を利用者が負担することになっている（表7－1）。利用にかかわる負担は，原則として応能負担となっている。これは障害児・者及びその世帯の所得等を斟酌（しんしゃく）して負担額が異なってくる制度である。また利用者負担の上限額が定められており，世帯の所得に応じて上限が4つに区分され，ひと月に利用したサービス量にかかわらず，それ以上の負担は生じないようになっている。さらに負担上限よりもサービス利用負担額が低い場合は，サービスに要する費用の1割を負担することになっている。生活保護受給世帯と市町村民税非課税世帯は利用者負担がない。居宅・通所の障害福祉サービスを利用する障害者で市町村民税課税世帯の場合，市町村民税所得割が16万円未満であれば9300円の上限額となり，市町村民税所得割が16万円以上であれば3万7200円の上限額となる。世帯の範囲は，障害者と障害児は異なっており，障害者の場合，本人及び配偶者の課税状況が負担上限月額に影響する。障害児の場合，住民基本台帳上の世帯課税状況によって負担上限月額が変わる。ただし，施設に入所する20歳未満の障害者または障害児については，監護する者（保護者等）の属する世帯の課税状況よって負担上限月額が変わる。

4　自立支援医療

自立支援医療は，18歳以上の身体障害者を対象とした更生医療と，身体に障害のある児童を対象とした育成医療，18歳以上の精神障害者を対象とした精神通院医療の３つの支援内容で構成されている。

自立支援医療は，障害者手帳に記載の障害を除去・軽減するための医療にかかる費用の自己負担を軽減する公費負担医療制度である。

更生医療と育成医療は市町村，精神通院医療は都道府県が実施主体となっており，更生医療と育成医療の利用のときは，障害者または障害児の保護者は，居住地の市町村に申請する。精神通院医療の利用のときは，市町村経由で都道府県に申請する。

市町村は世帯の所得の状況，治療状況，その他の事情を考慮して自立支援医療の種類ごとに支給認定を行う（たとえば，視覚障害は眼科，肢体不自由は整形外科など）。支給認定の有効期限は，原則３か月以内，最長１年間以内となっている。また，自立支援医療は，都道府県知事の指定する指定自立支援医療機関で行う。

5　補装具

補装具の支給が申請者に必要と認められる場合に，補装具の購入，借受け，修理の費用を市町村が支給する制度である。障害者総合支援法に規定する補装具とは，①障害者等の身体機能を補完・代替し，その身体への適合を図るように製作されたもの，②その日常生活や就労・就学のために，長時間にわたり，継続して使用されるもの，③医師等による専門的な知識による意見・診断に基づき，使用が必要とされているものとなっている。例としては，杖，義眼，補聴器，義手義足，車椅子，電動車椅子などが該当する。

一定の所得以上の世帯に属する場合（本人または世帯員のうち，市区町村民税所得割の最多納税額者の納税額が46万円以上の場合）は，支給対象外となる。

6　地域生活支援事業

地域生活支援事業は，障害者が生活する地域の環境や住居する障害者の人数，障害程度に応じ，市町村や都道府県が必要な支援を柔軟に行う事業である（表7－2，表7－3）。事業内容については地域の実情に応じてさまざまである。相談支援やコミュニケーション支援，日常生活用具給付または貸与，移動支援，成年後見制度利用支援などがある。この事業のひとつに地域活動支援センターの設置がある。地域活動支援センターは，障害者が地域で自立して生活ができるように，利用者や地域の実情に合わせて事業を運営していくことを目的としている。地域生活支援事業におけるサービスの提供主体については，利用者にとって身近な自治体である市町村であるが，市町村の域を越えて広域的な支援が必要な事業などについては，都道府県が提供主体となる。

7　障害福祉計画

障害福祉計画とは，3年を1期とする障害者総合支援法に規定される障害福祉サービスの提供体制の確保等に関する計画のことである。厚生労働大臣が定めた基本指針（第87条第1項）に即して，市町村及び都道府県に障害福祉計画の策定が義務づけられている（第88条第1項及び第89条第1項）。市町村障害福祉計画には，①障害福祉サービス，相談支援及び地域生活支援事業の提供体制の確保にかかわる目標に関する事項，②各年度における指定障害福祉サービス，指定地域相談支援または指定計画相談支援の種類ごとの必要な量の見込み，③地域生活支援事業の種類ごとの実施に関する事項が定められている。また，定めるよう努めることとされているのが，①指定障害福祉サービス，指定地域相談支援，または指定計画相談支援の種類ごとの必要な見込量の確保のための方

表7－2　令和３年度地域生活支援事業（都道府県事業）

必須事業
1　専門性の高い相談支援事業 ⑴　発達障害者支援センター運営事業 ⑵　高次脳機能障害及びその関連障害に対する支援普及事業
2　専門性の高い意思疎通支援を行う者の養成研修事業 ⑴　手話通訳者・要約筆記者養成研修事業 ⑵　盲ろう者向け通訳・介助員養成研修事業 ⑶　失語症者向け意思疎通支援者養成研修事業
3　専門性の高い意思疎通支援を行う者の派遣事業 ⑴　手話通訳者・要約筆記者派遣事業 ⑵　盲ろう者向け通訳・介助員派遣事業 ⑶　失語症者向け意思疎通支援者派遣事業
4　意思疎通支援を行う者の派遣に係る市町村相互間の連絡調整事業
5　広域的な支援事業 ⑴　都道府県相談支援体制整備事業 ⑵　精神障害者地域生活支援広域調整等事業 ⑶　発達達障害者支援地域協議会による体制整備事業

任意事業
1　サービス・相談支援者，指導者育成事業 ⑴　障害支援区分認定調査員等研修事業 ⑵　相談支援従事者等研修事業 ⑶　サービス管理責任者研修事業 ⑷　居宅介護従業者等養成研修事業 ⑸　障害者ピアサポート研修事業 ⑹　身体障害者・知的障害者相談員活動強化事業 ⑺　音声機能障害者発声訓練指導者養成事業 ⑻　精神障害関係従事者養成研修事業 ⑼　精神障害者支援の障害特性と支援技法を学ぶ研修事業 ⑽　その他サービス・相談支援者，指導者育成事業

任意事業
2　日常生活支援 ⑴　福祉ホームの運営 ⑵　オストメイト（人工肛門，人工膀胱造設者）社会適応訓練 ⑶　音声機能障害者発声訓練 ⑷　児童発達支援センター等の機能強化等 ⑸　矯正施設等を退所した障害者の地域生活への移行促進 ⑹　医療型短期入所事業所開設支援 ⑺　障害者の地域生活の推進に向けた体制強化支援事業
3　社会参加支援 ⑴　手話通訳者の設置 ⑵　字幕入り映像ライブラリーの提供 ⑶　点字・声の広報等発行 ⑷　点字による即時情報ネットワーク ⑸　都道府県障害者社会参加推進センター運営 ⑹　奉仕員養成研修 ⑺　レクリエーション活動等支援 ⑻　芸術文化活動振興 ⑼　サービス提供者情報提供等 ⑽　障害者自立（いきいき）支援機器普及アンテナ事業 ⑾　企業 CSR 連携促進
4　就業・就労支援 ⑴　盲人ホームの運営 ⑵　重度障害者在宅就労促進（バーチャル工房支援） ⑶　一般就労移行等促進 ⑷　障害者就業・生活支援センター体制強化等 ⑸　就労移行等連携調整事業
5　重度障害者に係る市町村特別支援
6　障害福祉のしごと魅力発信事業

参考：交付税を財源として実施する事業・障害児等療育支援事業

出所：厚生労働省「地域生活支援事業の概要」(https://www.mhlw.go.jp/stf/seisakunitsuite/bunya/hukushi_kaigo/shougaishahukushi/chiiki/gaiyo.html　2022年９月30日閲覧)。

表７－３　令和３年度地域生活支援事業（市町村事業）

必須事業
1　理解促進研修・啓発事業
2　自発的活動支援事業
3　相談支援事業 (1)　基幹相談支援センター等機能強化事業 (2)　住宅入居等支援事業（居住サポート事業）
4　成年後見制度利用支援事業
5　成年後見制度法人後見支援事業
6　意思疎通支援事業
7　日常生活用具給付等事業
8　手話奉仕員養成研修事業
9　移動支援事業
10　地域活動支援センター機能強化事業

任意事業
1　日常生活支援 (1)　福祉ホームの運営 (2)　訪問入浴サービス (3)　生活訓練等 (4)　日中一時支援 (5)　地域移行のための安心生活支援 (6)　巡回支援専門員整備 (7)　相談支援事業所等（地域援助事業者）における退院支援体制整備 (8)　協議会における地域資源の開発･利用促進等の支援 (9)　児童発達支援センター等の機能強化等
2　社会参加支援 (1)　レクリエーション活動支援 (2)　芸術文化活動振興 (3)　点字・声の広報等発行 (4)　奉仕員養成研修 (5)　複数市町村における意思疎通支援の共同実施促進 (6)　家庭・教育・福祉連携推進事業
3　就業・就労支援 (1)　盲人ホームの運営 (2)　知的障害者職親委託

参考：交付税を財源として実施する事業
・相談支援事業のうち障害者相談支援事業　地域活動支援センター基礎的事業
・障害支援区分認定等事務　自動車運転免許取得・改造助成　更生訓練費給付
出所：表７－２と同じ。

策，②指定障害福祉サービス，指定地域相談支援または指定計画相談支援及び地域生活支援事業の提供体制の確保にかかわる医療機関，教育機関，公共職業安定所その他の職業リハビリテーションの措置を実施する機関その他の関係機関との連携に関する事項である。

都道府県障害福祉計画には，①障害福祉サービス，相談支援及び地域生活支援事業の提供体制の確保にかかわる目標に関する事項，②当該都道府県が定める区域ごとに当該区域における各年度の指定障害福祉サービス，指定地域相談支援または指定計画相談支援の種類ごとの必要な量の見込み，③各年度の指定障害者支援施設の必要入所定員総数，④地域生活支援事業の種類ごとの実施に関する事項が定められる。また定めるよう努めることとされているのが，①区域ごとの指定障害福祉サービスまたは指定地域相談支援の種類ごとの必要な見込量の確保のための方策，②区域ごとの指定障害福祉サービスまたは指定地域相談支援または指定計画相談支援に従事する者の確保または資質の向上のために講ずる措置に関する事項，③指定障害者支援施設の施設障害福祉サービスの質の向上のために講ずる措置に関する事項，④区域ごとの指定障害福祉サービスまたは指定地域相談支援及び地域生活支援事業の提供体制の確保にかかわる医療機関，教育機関，公共職業安定所その他の職業リハビリテーションの措置を実施する機関その他の関係機関との連携に関する事項である。障害福祉計画の作成または変更時には，協議会を設置している場合は，市町村は市町村協議会，都道府県は都道府県協議会への意見聴取の努力義務がある。

現在，2021（令和３）年度から2023年度を計画期間とする第６期障害福祉計画が作成されており，第６期障害福祉計画の基本指針には，入所施設等から地域生活への移行，精神障害にも対応した地域包括ケアシステムの構築，福祉施設から一般就労への移行等が打ち出され，地域移行や就労については，数値目標が示されている[(4)]。

よく似たものとして，障害者基本法に基づいて策定される「障害者計画」がある。こちらも，都道府県，市町村にそれぞれ策定義務があり，国は障害者計画の基本となる計画，「障害者基本計画」を策定しなければならないとされている（第11条）ので，混同しないようにしたい。

8　児童福祉法に基づく障害児福祉サービス

障害児に向けた福祉サービスは，児童福祉法によって定められている。2010（平成22）年の児童福祉法の改正によって，2012（平成24）年４月から，この根拠法が居宅サービスを除いて児童福祉法に一本化された[(5)]。これにより，福祉（児童福祉法）と教育との連携がめざされるようになった。以下に，現行の障害児向け福祉サービス体系について触れる。

（1）障害児通所支援

児童福祉法における障害児通所支援は，市町村が実施主体である。

障害児通所支援には，①児童発達支援，②居宅訪問型児童発達支援，③放課後等デイサービス，④保育所等訪問支援がある。

①　児童発達支援

障害児を対象にした通所型サービスで福祉型（主に知的障害児と発達障害児が対象）と医療型（主に肢体不自由児と重度重複障害児が対象）がある。障害児を児童発達支援センター等に通わせ，日常生活に必要な動作の指導，集団での生活に慣れることなどをめざした支援を行う。

②　居宅訪問型児童発達支援

重度の障害で児童発達支援や放課後等デイサービスの支援が受けられない児童を対象に，利用者の居宅を訪れ，発達の支援を行う。2018（平成30）年４月より制度化された。

③　放課後等デイサービス

学校（幼稚園と大学を除く）に通学している障害児を放課後や夏休みなどの長期休暇中に児童発達支援センター等に通わせ，日中支援を行う通所サービスである。地域との交流や居場所づくりに加え，生活能力向上のためのスキル獲得などの支援を継続的に提供する。

④　保育所等訪問支援

保育所等を利用中の障害児，利用予定の障害児に対し，支援員が保育所を訪問し，集団生活適応のための支援を提供し，保育所などの安定した利用の促進を図る。

（2）障害児入所支援

児童福祉法における障害児入所支援は，都道府県が実施主体である。

障害児入所支援には，主に肢体不自由，知的障害，発達障害のある障害児を対象にした「福祉型障害児入所施設」と重症心身障害児を対象にした「医療型障害児入所施設」がある。障害児に対して保護，日常生活の指導，知識技能の付与，治療などを支援の内容とする。

9 障害者総合支援法のサービスと介護保険制度の関係

障害者についても，40歳以上の者は，原則として介護保険の被保険者となる。65歳以上の障害者が要介護・要支援状態になった場合には，要介護・要支援認定を受け，介護保険から介護給付や予防給付を受けることができる。

障害者総合支援法及び介護保険法に基づくサービスの利用については，障害者総合支援法第７条に他の法令による給付等との調整に関する規定があり，介護保険法の規定による給付が優先されることになっている[(6)]。つまり，介護保険の被保険者であれば，障害者総合支援法と介護保険法に共通するサービス，一例をあげると，障害者総合支援法の「居宅介護」と介護保険法の「訪問介護」については介護保険のサービスである「訪問介護」が優先的に提供されることになる。

しかし，障害者の状況やニーズはそれぞれ異なることから，一律に介護保険サービスを優先的に利用するものとはしないことが，厚生労働省の通知で示されている[(7)]。また，車椅子，歩行器，歩行補助つえは介護保険で貸与される品目であるが，身体の状況に個別に対応する必要があると判断される場合は，これらの品目についても障害者総合支援法に基づく補装具費として支給して差し支えないことも示されている。

注

(1) 障害程度区分は，知的障害者及び精神障害者について，一次判定で低く判定され，二次判定で引き上げられている割合が高いことから，障害の特性を反映するよう見直すべきではないか，との課題が指摘され，障害支援区分に変更された。認定が知的障害者及び精神障害者の特性に応じて適切に行われるように評価が難しい知的障害者や精神障害者の特性をより反映するため，調査項目が追加された。

(2) 杉本敏夫・柿木志津江編著（2016）『障害者福祉論』ミネルヴァ書房，87頁。

(3)　市町村審査会は，医師や精神科医，障害福祉に詳しい学識経験者等から構成されている。

(4)　第６期障害福祉計画については，厚生労働省「第６期障害者福祉計画・第２期障害児福祉計画（https://www.mhlw.go.jp/stf/seisakunitsuite/bunya/0000163638_00001.html　2022年６月12日閲覧）で確認することができる。

(5)　障害福祉サービスについては，居宅介護，行動援護，重度障害者等包括支援，短期入所は，障害児も対象になっている。また市町村地域生活支援事業のうち，日中一時支援事業，移動支援事業なども，障害児向けに提供されている。

(6)　障害者総合支援法第７条に下記の通り定められている。「自立支援給付は，当該障害の状態につき，介護保険法（平成９年法律第123号）の規定による介護給付，健康保険法（大正11年法律第70号）の規定による療養の給付その他の法令に基づく給付又は事業であって政令で定めるもののうち自立支援給付に相当するものを受け，又は利用することができるときは政令で定める限度において，当該政令で定める給付又は事業以外の給付であって国又は地方公共団体の負担において自立支援給付に相当するものが行われたときはその限度において，行わない」。

(7)　厚生労働省「障害者自立支援法に基づく自立支援給付と介護保険制度との適用関係等について」（https://www.mhlw.go.jp/seisakunitsuite/bunya/hukushi_kaigo/shougaishahukushi/kaiseihou/dl/tuuthi_h240338_02.pdf　2022年９月30日閲覧）。

参考文献

福祉行政法令研究会（2021）『障害者総合支援法がよ～くわかる本』秀和システム。

学習課題

①　障害者総合支援法の目的と介護給付及び訓練等給付について，まとめてみよう。

②　自分の住んでいる市町村の障害福祉計画について，調べてみよう。

③　介護保険制度が原則１割負担であることに対して，障害福祉サービスについては応能負担が原則になっている。その理由について考えてみよう。

コラム　住居は福祉

住居は生活及び社会福祉の基本である。生活保護の受給，介護保険の居宅サービス，障害者総合支援法の介護給付サービス，社会福祉協議会の日常生活自立支援事業（福祉サービスの利用援助・日常的金銭管理サービス・証書等の保管サービス）などは，住む地域や住居が決まらなければ，担当のケースワーカー，社会福祉協議会の担当者，各サービス提供事業所を決定してサービスを提供することができないことが多い。また住居が保たれていなければ，福祉だけでなく，雇用，所得保障，保健，医療，教育などの制度やサービスも受けることができず，日常生活そのものが成り立たなくなる。しかし日本では，私有財産である住宅，住居問題は，個人及び市場経済に委ねられるべきとされ，社会で公共的に解決すべき問題だと考えられることは少なかった。社会福祉においても，生活保護制度には住宅扶助があり，低家賃住宅としての公営住宅が社会保障関連制度として位置づけられることはあっても，社会福祉としては住宅問題の比重は大きくない。日本は居住を保障しない国家である。

筆者は社会起業をして，「株式会社居場所」を設立し，指定特定相談支援事業所及び高齢者・障害者賃貸仲介専門の不動産業を営んでいる。なぜ不動産業者になったのかは，自分自身が脳性麻痺という身体障害のために，賃貸物件への入居を何度も大家や不動産業者に断られた体験に端を発する。その後は福祉の仕事で住宅確保困難事例に立ち合うことが多かった。現に多くの大家や不動産会社では，高齢者や障害者，生活保護受給者，更生保護施設経験者などの住まいに困って相談に訪れた人たちに対しては，「審査が通らないから」「儲からないから」という理由で相手にしないという現実がある。特に65歳以上の一人暮らしの高齢者については，いくら資産があっても，大家はなかなか家を貸さないのが現状である。理由は，孤独死を恐れるからである。近年では「家主保険」もあるが，保険料は高額で，大家が費用を持ち出しで後始末することが多いという問題がある。筆者は微弱ながらもこれらの問題の解決を図ろうと，宅地建物取引士を取得したうえで，不動産業を開業した。以来，毎日１～２件の相談があり，「儲からないが，需要はかなりある」というのが実感である。

＊　本コラムは，日本福祉図書文献学会編（2021）『伝えたい福祉図書文献』学術研究出版，207～211頁を大幅に修正・加筆したものである。

第８章

障害者の雇用

「就労」すなわち働くことは，自立に向けた経済的基盤の安定に加え，自己実現や社会参加，生きがいなど多様な目的をもつものであり，個人的にも社会的にも基本的活動のひとつとして不可欠なものとなっている。また，日本国憲法に規定されている通り，働くことはすべての国民にとって義務であると同時に権利として認められている。障害者の権利に関する条約では，第27条に「労働及び雇用」が規定されているように，守られるべきひとつの権利として強調されている。本章では，障害者の就労を支援すること，つまり使用者である事業主による雇用の促進と就労の場に対する支援の現状と課題を中心に，障害者の雇用について理解していく。

1　障害者雇用の現状

（1）障害者雇用とは

障害者が仕事に就くこと＝「就労」するということは，単に障害者本人に支援をすることで達成できるものではない。就労とは，「雇用」する側があってはじめて成立するものである。そのため，就労したい本人だけではなく，雇用をする側である事業主に対する支援が不可欠となる。

障害者の就労支援は，一般企業等で雇用契約を結ぶことによって働くいわゆる「一般就労」にかかわる「障害者の雇用の促進等に関する法律」（障害者雇用促進法）（1960（昭和35）年「身体障害者雇用促進法」として施行）をはじめとする労働行政による支援と，第７章で学んだ障害者の日常生活及び社会生活を総合的に支援するための法律（障害者総合支援法）に基づく就労移行支援事業所や就労継続支援事業所（A型，B型）など障害福祉サービス事業所等で働く「福祉的就労」を支援する福祉（厚生）行政から成り立っている。このことは，障害者にとっての就労が単に経済的基盤の確立としての意義をもつだけでなく，個人的・社会的な基本的活動のひとつとして不可欠なものであることを示しているといえる。

（2）障害者雇用の状況

障害者の就労支援の状況を概観してみたい。障害者就労支援施策の対象者について厚生労働省資料[(1)]をみると，全数では障害者総数約964万人中約377万人（18歳～64歳の在宅障害者数）となる。内訳を障害別にみると，概数で身体障害者101万3000人，知的障害者58万人，精神障害者217万2000人となっている。このうち，障害者雇用促進法に基づき障害者雇用を行っている企業等での雇用者数は57万8000人（2020（令和２）年，従業員数45.5人以上の企業対象）である。

一方，障害者総合支援法に基づく就労系障害福祉サービス利用者の内訳は，就労移行支援約３万4000人，就労継続支援A型約７万2000人，就労継続支援B型約26万9000人（2020（令和２）年３月）となっている。就労系障害福祉サービスから一般就労への移行者数は年々増加しており，2003（平成15）年の移行者数1288人を基準とした場合，2020（令和２）年は約２万2000人と約17倍となっている。また，特別支援学校からの進路でみた場合，一般企業への就職が約32%，就労系福祉サービスの利用が約31.4%となっている。

では，次に雇用側からみた障害者雇用の実態について，５年ごとに実施されている障害者雇用実態調査[(2)]を概観したい。

雇用者数及び雇用形態をみると，従業員規模５人以上の事業所に雇用されている障害者数は約82万1000人となっている。障害別の内訳では，概数で身体障害者が42万3000人，知的障害者が18万9000人，精神障害者が20万人，発達障害者が３万9000人となっている。雇用されている障害者のうち，正社員として働いている者の内訳をみると，身体障害者は52.5%，知的障害者は19.8%，精神障害者は25.5%，発達障害者は22.7%となっている。

労働時間（週所定労働時間）について，障害別にみると，通常（週30時間以上）の労働に就いている者が身体障害者79.8%，知的障害者65.5%，精神障害者47.2%，発達障害者59.8%となっている。週20時間以上30時間未満の短時間労働に就いている者は身体障害者16.4%，知的障害者31.4%，精神障害者39.7%，発達障害者35.1%となっている。週20時間未満の者は身体障害者3.4%，知的障害者3.0%，精神障害者13.0%，発達障害者5.1%となっている。

障害別に最も多い職業をみると，身体障害者は事務的職業が32.7%，知的障害者は生産工程の職業が37.8%，精神障害者はサービスの職業が30.6%，発達障害者は販売の職業が39.1%となっている。

賃金について，2018（平成30）年５月の平均賃金をみると，身体障害者は約21万5000円，知的障害者は約11万7000円，精神障害者は約12万5000円，発達障害者は約12万7000円となっている。

ここまで障害者の雇用状況について概観してきたが，ひとつの課題として障害種別によって，置かれている状況が大きく異なっていることが挙げられる。たとえば収入に直結する雇用形態では，50%以上が正社員として雇用されている身体障害者に比べ，その他の障害種別では30%に届かない状況である。その結果，平均賃金をみると，あくまで平均値ではあるものの，身体障害者の約21万5000円に比べてその他の障害種別では約12万円程度と２倍近くの開きがでている。もちろん，個々の働き方や特性に合わせた結果，あるいは就労の目的によっても異なるものであり，数値のみで判断することは拙速であるが，ひとつの実態としてふまえておく必要があるだろう。

2　障害者雇用の課題

（１）障害者雇用にあたっての雇用側の課題・配慮事項

前節で概観した障害者雇用実態調査では，障害者雇用にあたって雇用側である事業主が抱える課題や配慮事項についても調査を行っている。障害者を雇用する際の事業主側の課題としては，身体障害者，知的障害者，精神障害者，発達障害者のいずれも，仕事の創出という課題につながる，「会社内に適当な仕事があるか」が最も多くなっている（身体障害者では71.3%，知的障害者では74.4%，精神障害者では70.2%，発達障害者では75.3%）。

また，雇用している障害者への配慮事項としては，身体障害者については，「通院・服薬管理等雇用管理上の配慮」が最も多くなっており（51.9%），知的障害者，精神障害者及び発達障害者については，「短時間勤務等勤務時間の配慮」が最も多くなっている（知的障害者では57.6%，精神障害者では70.8%，発達障害者では76.8%）。これらのことは，前節でみた労働時間や雇用形態，賃金にも関係するため，トータルサポートの視点が必要であることを示している。

（2）関係機関に期待する取り組みと必要な施策

障害者を雇用するうえで関係機関に期待する取り組みとしては，身体障害者については，「障害者雇用支援設備・施設・機器の設置のための助成・援助」が最も多くなっており（56.0%），知的障害者，精神障害者及び発達障害者については，「具体的な労働条件，職務内容，環境整備などが相談できる窓口の設置」が最も多くなっている（知的障害者では46.7%，精神障害者では46.6%，発達障害者では48.6%）。また，障害者雇用を促進するために必要な施策としては，身体障害者については，「雇入れの際の助成制度の充実」が最も多くなっており（58.3%），知的障害者，精神障害者及び発達障害者については，「外部の支援機関の助言・援助などの支援」が最も多くなっている（知的障害者では62.3%，精神障害者では64.2%，発達障害者では65.8%）。

このように，すでに障害者雇用を推進するための制度や施策があるなかでも，支援や助成，相談窓口といったものの必要性が雇用側からあがっている。このことから，既存の法制度では不足していたり，対応できなかったりしている可能性が考えられる。あるいは法制度そのものが知られていない可能性も考えられる。いずれにしても，今後の障害者雇用の推進のため，このような雇用側の実態もふまえた実効性ある方策の検討が必要であるといえよう。

（３）法定雇用率の達成状況と定着率

2021（令和３）年における民間企業や公的機関等における「障害者雇用状況集計結果[(3)]」によると，後述する障害者雇用促進法に定める法定雇用率（障害者雇用率）の達成状況は，民間企業（法定雇用率2.3%）では，実雇用率2.20%，法定雇用率達成企業の割合47.0%となっている。公的機関（法定雇用率2.6%，都道府県などの教育委員会は2.5%）では，実雇用率が国2.83%，都道府県2.81%，市町村2.51%，教育委員会2.21%となっている。独立行政法人など（法定雇用率2.6%）では，実雇用率2.69%となっている。

民間企業では，雇用障害者数，実雇用率ともに過去最高を更新している。図８-１をみるとわかるように，年々民間企業における実雇用率は増加している。しかし，これまで全体として法定雇用率は一度も達成されていない。また，企業規模別の実雇用率をみた場合，2021（令和３）年から新たに報告対象となった従業員数43.5〜45.5人[(4)]未満の企業で1.77%，従来から報告対象であった45.5〜100人未満で1.81%（前年は1.74%），100〜300人未満で2.02%（同1.99%），300〜500人未満で2.08%（同2.02%），500〜1000人未満で2.20%（同2.15%），1000人以上で2.42%（同2.36%）と1000人以上の企業以外では法定雇用率を達成できていない。このことは，企業規模が小さくなるほど障害者雇用を推進することが難しい状況があることを示している。また，1000人以上規模の企業であっても，法定雇用率達成企業の割合は約60%である。

このようにみると，雇用障害者数は増加しているものの，すべての企業が法定雇用率を達成するまでには，まだ多くの課題があるといえよう。雇用障害者数が増加しているにもかかわらず，実雇用率が法定雇用率を超えないひとつの要因として，高まらない定着率の課題がある[(5)]。特に精神障害者ではその傾向が顕著である。一般的に障害非開示（クローズ）で就職する場合や，一般求人に障害開示（オープン）で就職する場合に，職場定着率は低くなる傾向があるといわれる。後者については，本来であれば，障害特性等への配慮により高くなるはずの定着率であるが，現状では，そのことが定着率の高まらない要因となっている可能性もある。

第１節と本節でみてきたように，障害者の就労における雇用の現状と課題は

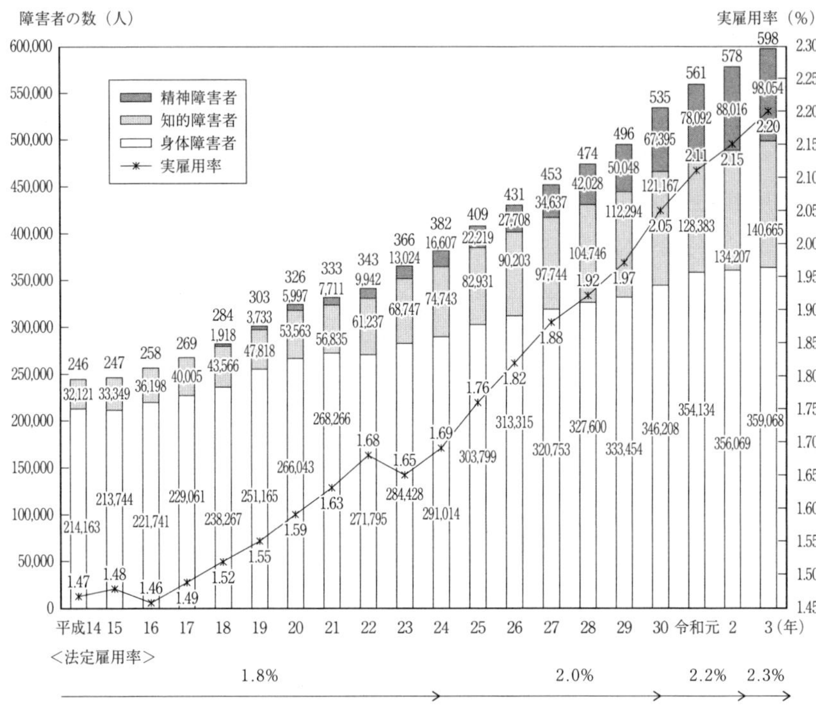

図８－１　民間企業における障害者の実雇用率と雇用されている障害者の数の推移

注１：雇用義務のある企業（平成24年までは56人以上規模，平成25年から平成29年までは50人以上規模，平成30年から令和２年までは45.5人以上規模，令和３年以降は43.5人以上規模の企業）についての集計である。

注２：「障害者の数」とは，次に掲げる者の合計数である。

平成17年まで
- 身体障害者（重度身体障害者はダブルカウント）
- 知的障害者（重度知的障害者はダブルカウント）
- 重度身体障害者である短時間労働者
- 重度知的障害者である短時間労働者

平成18年以降平成22年まで
- 身体障害者（重度身体障害者はダブルカウント）
- 知的障害者（重度知的障害者はダブルカウント）
- 重度身体障害者である短時間労働者
- 重度知的障害者である短時間労働者
- 精神障害者
- 精神障害者である短時間労働者
- （精神障害者である短時間労働者は0.5人でカウント）

平成23年以降
- 身体障害者（重度身体障害者はダブルカウント）
- 知的障害者（重度知的障害者はダブルカウント）
- 重度身体障害者である短時間労働者
- 重度知的障害者である短時間労働者
- 身体障害者である短時間労働者
- （身体障害者である短時間労働者は0.5人でカウント）
- 知的障害者である短時間労働者
- （知的障害者である短時間労働者は0.5人でカウント）
- 精神障害者である短時間労働者（※）
- （精神障害者である短時間労働者は0.5人でカウント）

※　平成30年以降は，精神障害者である短時間労働者であっても，次のいずれかに該当する者については，１人とカウントしている。

①　通報年の３年前の年に属する６月２日以降に採用された者であること

②　通報年の３年前の年に属する６月２日以降より前に採用された者であって，同日以後に精神障害者保健福祉手帳を取得した者であること

注３：法定雇用率は平成24年までは1.8%，平成25年から平成29年までは2.0%，平成30年から令和２年までは2.2%，令和３年以降は2.3%となっている。

出所：厚生労働省（2021）「令和３年　障害者雇用状況の集計結果」。

多岐にわたる。障害者雇用の推進において，ソーシャルワーク専門職の立場からこの課題に向き合うことが求められているといえよう。

3　障害者雇用促進法

（1）法の概要

障害者の職業の安定を目的とし，雇用の促進や機会均等，職業生活の自立の促進等の一般就労に向けた基本的な事項を定めた法律が「障害者の雇用の促進等に関する法律」（障害者雇用促進法）である。1960（昭和35）年に身体障害者雇用促進法として制定されて以来複数回の改正を重ね，現在の形に至っている。具体的には，企業等の事業主に対する「法定雇用率制度」「障害者雇用納付金制度」，雇用されることをめざす障害者本人を主な対象とする「職業リハビリテーション」の３つの柱に加え，４本目の柱ともいえる，事業主に対する「差別禁止及び合理的配慮の提供義務」が2016（平成28）年から規定されている。

（2）法定雇用率制度（障害者雇用率制度）と対象の範囲

法定雇用率制度とは，国や企業などの事業主に対し，雇用している従業員数に占める障害者の割合が一定以上となるよう，障害者を雇用することを義務づけるものである。2021（令和３）年３月１日より法定雇用率が0.1%引き上げられ，2022（令和４）年４月現在の法定雇用率は民間企業2.3%，国・地方公共団体2.6%，都道府県などの教育委員会2.5%となっている。なお，法定雇用率の対象となる民間企業の事業主の範囲は，従業員43.5人以上の場合である。法定雇用率は決められた計算式によって算定されており，少なくとも５年ごとに見直すこととされている（図８-２）。

法定雇用率制度の対象となる障害者（雇用義務）の範囲については，障害者雇用促進法第２条に定められており，原則として障害者手帳保有者となる。障害者雇用促進法の対象者（職業リハビリテーション等の対象）と比べると，雇用義務の対象であり，雇用率にカウントすることが可能な障害者は限定されてい

■ 民間企業における雇用率設定基準

$$法定雇用率 = \frac{対象障害者である常用労働者の数+失業している対象障害者の数}{常用労働者数+失業者数}$$

※ 短時間労働者は，原則，1人を0.5人としてカウント。

※ 重度身体障害者，重度知的障害者は1人を2人としてカウント，短時間重度身体労働者，重度知的障害者は1人としてカウント。

■ 特殊法人，国及び地方公共団体における障害者雇用率
一般の民間企業の障害者雇用率を下回らない率をもって定めることとされている。

■ 実雇用率及び法定雇用障害者数の計算式

$$実雇用率 = \frac{障害者である労働者数+障害者である短時間労働者数\times 0.5}{労働者数+短時間労働者数\times 0.5}$$

法定雇用障害者数＝(常用労働者数＋短時間労働者数×0.5)×障害者雇用率（民間では2.3%）

〈参考〉労働時間による障害のある労働者のカウント方法

週所定労働時間		30時間以上	20時間以上30時間未満
身体障害者		1	0.5
	重度	2	1
知的障害者		1	0.5
	重度	2	1
精神障害者	精神障害者は重度の規定がない	1	0.5※

※ 精神障害者である短時間労働者で，①かつ②を満たす方については，1人をもって1人とみなす。
①新規雇入れから3年以内の方または精神障害者保健福祉手帳取得から3年以内の方
②令和5年3月31日までに，雇い入れられ，精神障害者保健福祉手帳を取得した方

図8-2 法定雇用率・実雇用率・カウント方法

出所：厚生労働省資料を一部筆者改変。

る（図8-3)。また，身体障害者と知的障害者の場合は「重度」の区分が規定されており，障害の程度（重度か否か）と週労働時間によってカウント数が異なる（図8-2)。なお，職場における障害者であることの把握・確認については，「プライバシーに配慮した障害者の把握・確認ガイドライン」(2005（平成17）年）が策定されており，障害者本人の意に反した雇用率制度の適用などが

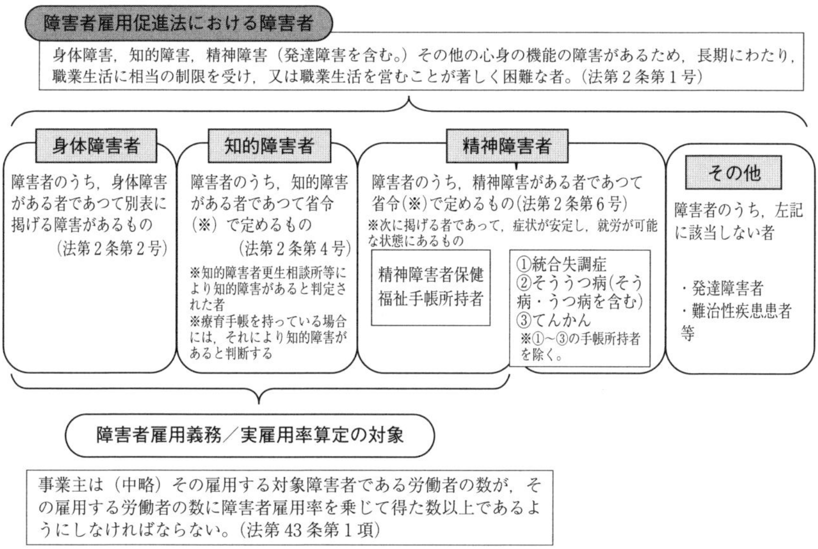

図８－３　障害者の範囲

出所：厚生労働省資料を一部筆者改変。

行われないよう，人権を守るための配慮がなされている。

（３）障害者雇用納付金制度

障害者雇用の推進にあたっては，施設設備の改善や職場環境の整備などが必要な場合があるため，障害のない方を雇用する場合に比べて事業主の経済的負担を伴うこととなる。つまり，障害者の雇用義務を達成している場合と達成していない場合では，事業主に経済的負担の差が生ずることとなる。障害者雇用は各事業主が協働で果たすことが社会連帯や共生社会の実現の面からみて望ましい。そこで，事業主間の経済的負担の調整と障害者雇用を推進している事業主に対しての助成を行うことで，障害者雇用の促進と安定へとつなげるため，「障害者雇用納付金制度」が設けられている。具体的には，法定雇用率未達成の企業（常用労働者数が100人を超える）の事業主から，不足する障害者数１人につき月額５万円を「障害者雇用納付金」として徴収する仕組みである。この制度は，あくまで納付金として徴収するものであり，罰金という位置づけではな

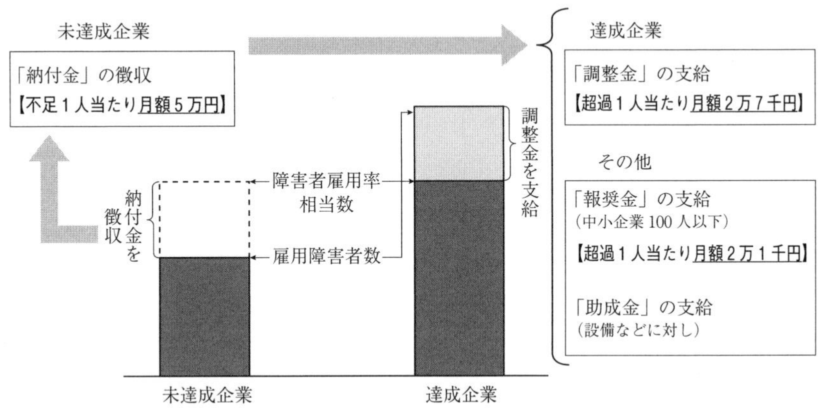

図８－４　障害者雇用納付金制度の概要

出所：厚生労働省（2018）『平成30年版　厚生労働白書』。

いため，これを納付することで障害者雇用義務が免除されることはない。

一方で，法定雇用率を超過して障害者を雇用している企業（常用労働者数が100人を超える）の事業主に対しては超過して雇用している障害者数１人につき月額２万7000円を「障害者雇用調整金」として支給する。なお，常用労働者数が100人以下の事業主からは障害者雇用納付金を徴収しないが，各月の雇用障害者数の年度間合計数が一定数を超過して障害者を雇用している場合は，超過して雇用している障害者数１人につき２万1000円の「報奨金」が支給される。障害者雇用納付金は，障害者雇用調整金や報奨金のほか，障害者雇用を推進する事業主の経済的負担の軽減を図る各種助成金の財源となっている（図８－４）。

（４）特例子会社制度

特例子会社制度は，障害者雇用の促進と安定を目的に，障害者の雇用に特別の配慮をして事業主が設立する子会社である。子会社が一定の要件を満たすことにより，特例として親会社と子会社とを合算して実雇用率を算定することができる制度となっている。特例子会社の要件は下記の通りである（障害者雇用促進法第44条)。①親会社との人的関係が緊密であること（例：親会社からの役員派遣等)。なお親会社は株式会社であり子会社の議決権の半数を有する等，意思決定機関（株主総会等）を支配していなければならない。②雇用障害者数５人以上かつ全従業員に占める割合が20％以上。また，雇用障害者に占める重度身体障害者，知的障害者及び精神障害者の割合が30％以上。③障害者のための施設の改善や専任の指導員の配置等の障害者の雇用管理を適正に行う十分な能力がある。④障害者の雇用の促進及び安定が確実に達成されると認められる。

また，特例子会社制度では，企業グループ適用（関係会社特例）が認められており，特例子会社をもつ親会社は，意思決定機関を支配している関係子会社を含めた企業グループによる実雇用率の算定ができるとされている。

（5）事業主の責務

障害者雇用促進法第37条において，「全て事業主は，対象障害者の雇用に関し，社会連帯の理念に基づき，適当な雇用の場を与える共同の責務を有するものであつて，進んで対象障害者の雇入れに努めなければならない」とされている。つまり事業主は法定雇用率を達成する義務があるだけではなく，前向きな努力が求められるということである。そのため，法定雇用率を達成していない事業主には公共職業安定所（ハローワーク）によって，雇用率達成指導が行われる。具体的には，「『障害者の雇入れ計画』作成命令」や，雇入れ計画が適正に実施されていない場合にはその適正な実施を求める「勧告」が行われる。さらに，正当な理由なく勧告に従わない事業主については厚生労働大臣によって企業名が公表される（障害者雇用促進法第46条，第47条)。また，事業主には，障害者職業生活相談員（５人以上の障害者を雇用する事業所）の選任義務，障害者雇用推進者（労働者数43.5人以上の事業所）の選任努力義務もある。

事業主の責務は法定雇用率を達成することだけではない。障害者雇用促進法では，障害者に対する差別禁止及び合理的配慮の提供義務が規定されている。事業主に対する障害者の雇用における差別禁止として「労働者の募集及び採用について，障害者に対して，障害者でない者と均等な機会を与えなければならない」（第34条），「賃金の決定，教育訓練の実施，福利厚生施設の利用その他の待遇について，労働者が障害者であることを理由として，障害者でない者と不当な差別的取扱いをしてはならない」（第35条）と規定している。一方で，合理的配慮の提供義務としては，雇用の分野における障害者と障害者でない者との均等な機会の確保等を図るための措置として，事業主に過重な負担にならない範囲で，障害者本人からの申し出により，個々の特性に配慮した措置を講ずることや障害のある労働者がその能力を発揮できるように措置を講ずることとされている。加えて，障害者からの相談に対応する相談体制の整備・苦情処理，紛争解決の援助として，相談窓口の設置等が義務づけられている。なお，これらについては事業所の規模等にかかわらず，すべての障害者を雇用する事業主が対象となる。

（6）職業リハビリテーション

障害者雇用促進法では，職業リハビリテーションについて，「障害者に対して職業指導，職業訓練，職業紹介その他この法律に定める措置を講じ，その職業生活における自立を図ることをいう」（第2条第7項）とされており，その措置は「障害者各人の障害の種類及び程度並びに希望，適性，職業経験等の条件に応じ，総合的かつ効果的に実施されなければならない」「必要に応じ，医学的リハビリテーション及び社会的リハビリテーションの措置との適切な連携の下に実施されるものとする」（第8条）とされている。その主な実施機関として，公共職業安定所（ハローワーク），障害者職業センター，障害者就業・生活支援センターが規定されている。

ハローワークは，障害者雇用においては，障害者の就職活動を支援するため，専門的知識をもつ職員や相談員を配置し，情報提供や，相談に応じたりするなどの支援を行っている。専門的な支援の対象者は，障害があるため，長期にわたり，職業生活に相当の制限を受け，または職業生活を営むことが著しく困難な者とされている（障害者手帳の有無は関係ない）（ハローワークについては第10章も参照）。

障害者職業センターは障害者雇用促進法に基づき独立行政法人高齢・障害・

●ジョブコーチの３つの型

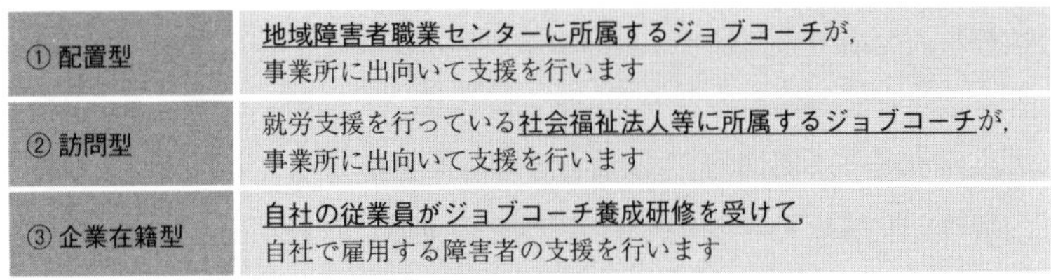

①配置型	地域障害者職業センターに所属するジョブコーチが，事業所に出向いて支援を行います
②訪問型	就労支援を行っている社会福祉法人等に所属するジョブコーチが，事業所に出向いて支援を行います
③企業在籍型	自社の従業員がジョブコーチ養成研修を受けて，自社で雇用する障害者の支援を行います

●ジョブコーチ「支援のしくみ」と「標準的な支援の流れ」

・障害特性に配慮した雇用管理に関する支援
・配置，職務内容の設定に関する支援

・職務の遂行に関する支援
・職場内のコミュニケーションに関する支援
・体調や生活リズムの管理に関する支援

事業主
（管理監督者・人事担当者）
上司・同僚

障害者
家族

職場適応援助者
ジョブコーチ

・障害の理解に関する社内啓発
・障害者との関わり方に関する助言
・指導方法に関する助言

・安定した職業生活を送るための家族の関わり方に関する助言

支援期間１～８か月（標準２～４か月）

集中支援／週３～４日訪問	移行支援／週１～２日訪問	フォローアップ
職場適応上の課題を分析し，集中的に改善を図る	支援ノウハウの伝授やキーパーソンの育成により，支援の主体を徐々に職場に移行	数週間～数か月に一度訪問

※「雇用前から」「雇用と同時に」「雇用後に」と，必要なタイミングで開始できます。

図８－５　ジョブコーチ

出所：厚生労働省資料「『職場適応援助者（ジョブコーチ）支援』を活用しましょう!!」（https://www.mhlw.go.jp/file/06-Seisakujouhou-11600000-Shokugyouanteikyoku/0000208973.pdf　2022年３月１日閲覧）より一部抜粋。

求職者雇用支援機構が設置運営を行っており，障害者職業総合センター（全国１か所），広域障害者職業センター（全国２か所），地域障害者職業センター（47センター・５支所）の３つの種類がある。なかでも各都道府県に設置されている地域障害者職業センターでは，障害者職業カウンセラーなどの専門職者を配置して障害者への職業評価，職業指導，職業準備訓練，職業講習及び職場適応援助などを行うほか，事業主に対しては雇用管理支援等を行う。また，職場適応援助者（ジョブコーチ）が配置される（配置型）（第19条～第25条）。

ジョブコーチとは障害者の職場への適応に課題がある場合に障害者と事業主の間に立ち，障害者が安心して働きやすいよう，また事業主や従業員が障害者雇用を安心して受け入れられるよう，双方への環境調整や職場適応といった専門的な支援を行う。ジョブコーチには配置型のほか，就労支援を行っている社会福祉法人等の障害福祉サービス事業所等に所属しているジョブコーチが，対象となる障害者が雇用する予定，あるいはすでに雇用されている事業所を訪問して支援を行う「訪問型」，企業などの従業員がジョブコーチ養成研修を修了し，自社で雇用している障害者の支援を行う「企業在籍型」がある（図８-５）。

障害者就業・生活支援センターは全国で336か所（2021（令和３）年４月１日現在）あり，障害者の身近な地域において，就業支援担当職員と生活支援担当職員による，就業・生活両面への一体的な相談や支援を行う。対象は就職活動中や在職中の障害者等である（第27条，第28条）。障害者雇用促進法に基づき設置されるものであり，国・都道府県から委託を受けた社会福祉法人等が運営を行っている。

4　障害者優先調達推進法

（1）法の概要

「国等による障害者就労施設等からの物品等の調達の推進等に関する法律」（障害者優先調達推進法）は，障害者就労施設で就労する障害者や在宅で就業する障害者の経済面の自立を進めるため，国や地方公共団体，独立行政法人などの公的機関が，物品やサービスを調達する際，障害者就労施設等からの優先的・積極的な購入を推進することを目的に，2013（平成25）年４月から施行されている。障害者が自立した生活を送るためには，経済的な基盤を確立することが重要な要素となる。そのひとつの手段として就労によって経済的基盤を確立することは，継続して安定した生活を維持することからも意義が大きいといえる。そのためには，障害者雇用を支援するための仕組みを整えるとともに，障害者が就労する施設などの仕事を確保することによって，経営基盤を強化することも必要である。このような観点から，障害者就労施設などへの仕事の発注に関し，民間企業をはじめ国や地方公共団体等においてさまざまな取り組みが行われてきた。この取り組みをさらに推進するため，障害者優先調達推進法は，国や地方公共団体等が率先して障害者就労施設等からの物品等の調達を行

図8-6　障害者優先調達推進法の国等の役割と仕組み

出所：厚生労働省「平成25年４月から障害者優先調達推進法がスタートします」(https://www.mhlw.go.jp/ seisakunituite/bunya/hukushi_kaigo/shougaishahukushi/yuusenchoutatsu/dl/pamphlet.pdf　2022年３月３日閲覧)。

うよう，必要な措置を講ずることを定めたものである（図8-6）。

法の目的の推進にあたり，国は障害者就労施設等からの物品等の調達の推進に関する基本方針を定め，各省各庁の長及び独立行政法人等の長は，毎年度，国の基本方針に沿って障害者就労施設等からの物品等の調達方針を作成するとともに，当該年度における物品等の調達を行い，当該年度終了後，実績を公表することとされている。また，地方公共団体（都道府県，市町村）及び地方独立行政法人も，毎年度，障害者就労施設等からの物品等の調達の推進を図るための方針を作成するとともに，当該年度の終了後，その実績を公表することとされている。さらに本法では，国及び独立行政法人等が行う公契約における競争参加資格を定めるにあたり，法定雇用率（障害者雇用率）を満たしている事業者に配慮するなど，障害者の就業を促進するために必要な措置を講ずるよう努めることとされている（地方公共団体及び地方独立行政法人は，国及び独立行政法人等の措置に準じて必要な措置を講ずるよう努める）。

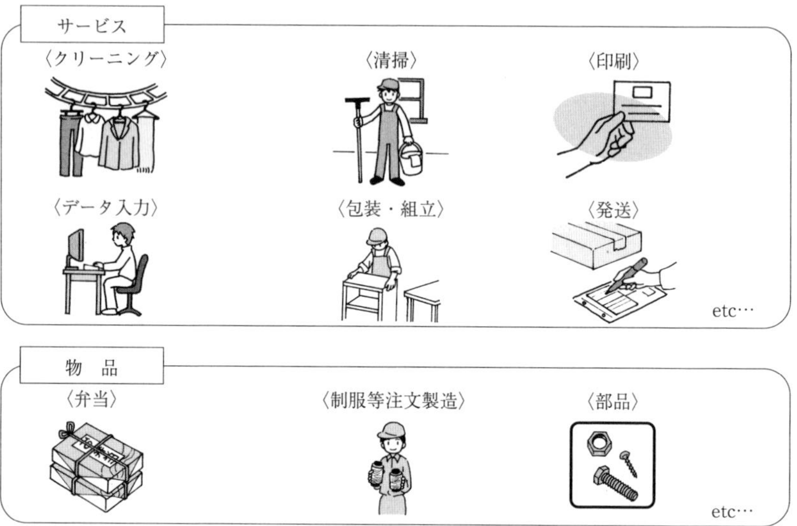

図 8－7　就労支援施設等への発注例

出所：厚生労働省「平成25年４月から障害者優先調達推進法がスタートします」(https://www.mhlw.go.jp/ seisakunituite/bunya/hukushi_kaigo/shougaishahukushi/yuusenchoutatsu/dl/pamphlet.pdf 2022年３月３日閲覧)。

（2）優先調達の対象となる障害者就労施設等と発注例

ここまでみてきたように障害者優先調達推進法では，障害者就労施設等から優先的・積極的に物品等を調達することを推進することとされているが，対象となる「障害者就労施設等」とは，①障害者就労施設，②在宅就業障害者（障害者雇用促進法），③在宅就業支援団体のことである。具体的には，障害者総合支援法に基づく事業所・施設等，障害者を多数雇用している企業，在宅就業障害者等とされている。

発注例としては，サービス提供（クリーニング，清掃，印刷，データ入力，包装・組立，発送等)，物品（弁当，制服等注文製造，部品等）などがある（図8－7)。

（3）障害者優先調達推進法の実績

厚生労働省資料から市区町村の調達方針策定状況[(6)]をみると，2019（令和元）年度は対象市区町村1741に対して作成済市区町村1649で作成率は94.7％であった。これに対して2020（令和２）年度は作成済市区町村数が1669となり，95.9％が策定しており，調達方針の策定率は年々増加している。また，調達実績の推移をみると，国，独立行政法人等，都道府県，市町村，地方独立行政法人等の合計調達額は2019（令和元）年度に193億3400万円だったものが2020（令和２）年度には198億5400万円となっており，法施行から７年連続の増加となっている。

注

⑴　厚生労働省「障害者の就労支援対策の状況」（https://www.mhlw.go.jp/stf/seisakunitsuite/bunya/hukushi_kaigo/shougaishahukushi/service/shurou.html　2021年12月10日閲覧）。

⑵　厚生労働省（2019）「平成30年度障害者雇用実態調査結果」。なお，直近で本調査が行われた2018（平成30）年度と2013（平成25）年度では，重複して障害がある者及び発達障害者の取り扱いが変更されているためそのまま比較することはできない。

⑶　厚生労働省（2021）「令和３年障害者雇用状況の集計結果」（https://www.mhlw.go.jp/content/11704000/000871748.pdf　2022年２月22日閲覧）。

⑷　図８－２をはじめ，雇用率にかかわる各計算式においては，１週間の労働時間数が20時間以上30時間未満の者を「短時間労働者」として含む。短時間労働者については，0.5人としてカウントを行うため，人数に小数点が含まれることがある。ただし，算出された各事業者の法定雇用障害者数（雇用義務数）に小数点以下が含まれる場合には，少数点以下は切り捨てとなる。

⑸　厚生労働省（2017）「障害者雇用の現状等」（https://www.mhlw.go.jp/file/05-Shingikai-11601000-Shokugyouanteikyoku-Soumuka/0000178930.pdf　2022年１月15日閲覧）。

⑹　厚生労働省「障害者優先調達法に基づく国等の取組状況」（https://www.mhlw.go.jp/content/12200000/000860085.pdf　2022年３月３日閲覧）。

参考文献

厚生労働省「障害者の方への施策」（https://www.mhlw.go.jp/stf/seisakunitsuite/bunya/koyou_roudou/koyou/shougaishakoyou/shisaku/shougaisha/index.html　2022年３月５日閲覧）。

厚生労働省（2016）パンフレット「雇用の分野で障害者に対する差別が禁止され合理的な配慮の提供が義務となりました」。

厚生労働省（2021）パンフレット「令和３年３月１日から障害者の法定雇用率が引き上げになります」。
高齢・障害・求職者雇用支援機構「障害者の雇用支援」（https://www.jeed.go.jp/disability/index.html　2022年１月30日閲覧）。
齊藤隆之（2016）「就労支援」杉本敏夫・柿木志津江編著『障害者福祉論』ミネルヴァ書房，96～105頁。

学習課題

① 自分の住む地域にある障害者就労施設などの商品やサービスを調べてみよう。
② 障害者雇用推進における課題をまとめ，その解決方法を考察してみよう。

コラム　ハイブリッド教員をめざして

ソーシャルワーク，障害者福祉領域を主な専門とする大学教員になって10年以上になりますが，その間に私自身，教員としてのスタイルを根本から変えることとなる大きな変化を経験しました。それは，「支援者」から「当事者」への変化です。正確には「当事者の親」へ変化しました。私の次男はダウン症候群です。現在（令和３年）は，元気に特別支援学校に通っており，放課後等デイサービスでこれまた元気に活動しています。次男が生まれるまでの私は，障害福祉サービス事業所での現場経験などをもとに，講義のなかで実践にまつわる話をしていました。そのなかではもちろん「当事者や家族の立場や思い」「当事者の目線で」といったことも話していましたが，あらためて振り返ってみると，どこか「支援者・援助者目線」での話に偏っていたように思えます。それが，障害のある子を育てる親という立場になったことで，いかに自分が当事者の立場に立てていなかったのかを自覚させられることになったわけです。最初の衝撃は，生後３日程度の子どもに障害があることを告知してくれたワーカーと看護師とのかかわりでした。そこで「大変ショックを受けられていますよね」と言われたときに私が感じたのは「寄り添ってもらえている」ではなく「なんか他人事だな」でした。そして，私も同じように感じさせたことがあったのかもしれないと怖くなりました。また，生後６か月で心臓を手術した際の医療保険の諸手続き，３歳を過ぎて取得した療育手帳とそれに関連して受けられるサービスにかかわる手続きの重複や煩雑さ，子の成長にともなって生じる「壁」も痛感しています。法制度やサービスの活用方法は知っていても，実際使ってみると「こんなに不便なのか」「こんな壁があるのか」と感じることが非常に多くあります。次男とかかわる長男から教えられることもあります。次男はこのような経験を通し，当事者と支援者両方の立場からの話ができる強みを与え，気づかせてくれました。次男をはじめとした家族に感謝しながら，当事者（の親）としての考えも含めた「ハイブリッド」な話ができる教員をめざしていきたいと思います。

第９章

障害者の権利擁護

障害者の権利擁護とは，直接的な支援関係者だけでなくすべての人々が，障害者の人権と幸福追求権を守ることである。そして，差別や虐待の被害を防止または予防するために，見守りも含め，同行や代行，または代弁，代理をしながら，適切な保護と同時に自立を支援し，その被害から救済するものといえる。

障害者に対する差別や虐待事件は，家庭内や福祉施設，雇用事業所，医療施設，学校等に限らず，あらゆる日常生活場面で，今もなお発生し続けている。本章では，障害者の生活や福祉サービス利用において，それらの問題を予防・防止するために必要な権利擁護について解説する。まず「日常生活自立支援事業」や「成年後見制度」，そして「苦情解決制度」や「第三者評価事業」について触れる。次に，「障害者虐待の防止，障害者の養護者に対する支援等に関する法律」（障害者虐待防止法）について触れる。そして最後に「障害者の権利に関する条約」（障害者権利条約）と，「障害を理由とする差別の解消の推進に関する法律」（障害者差別解消法）について触れる。

本章では，特に，差別や虐待のない共生社会を実現するためには，どのような権利擁護が必要になるのか，ということを意識して学んでほしい。

1　障害者の権利擁護とその背景

1990年代後半からの社会福祉基礎構造改革により，福祉サービスの利用契約化が進められた。しかし，障害のある市民や利用者が，そのサービス内容を理解し，質の良いサービスを選び，利用契約を結ぶことは難しく，問題となった。

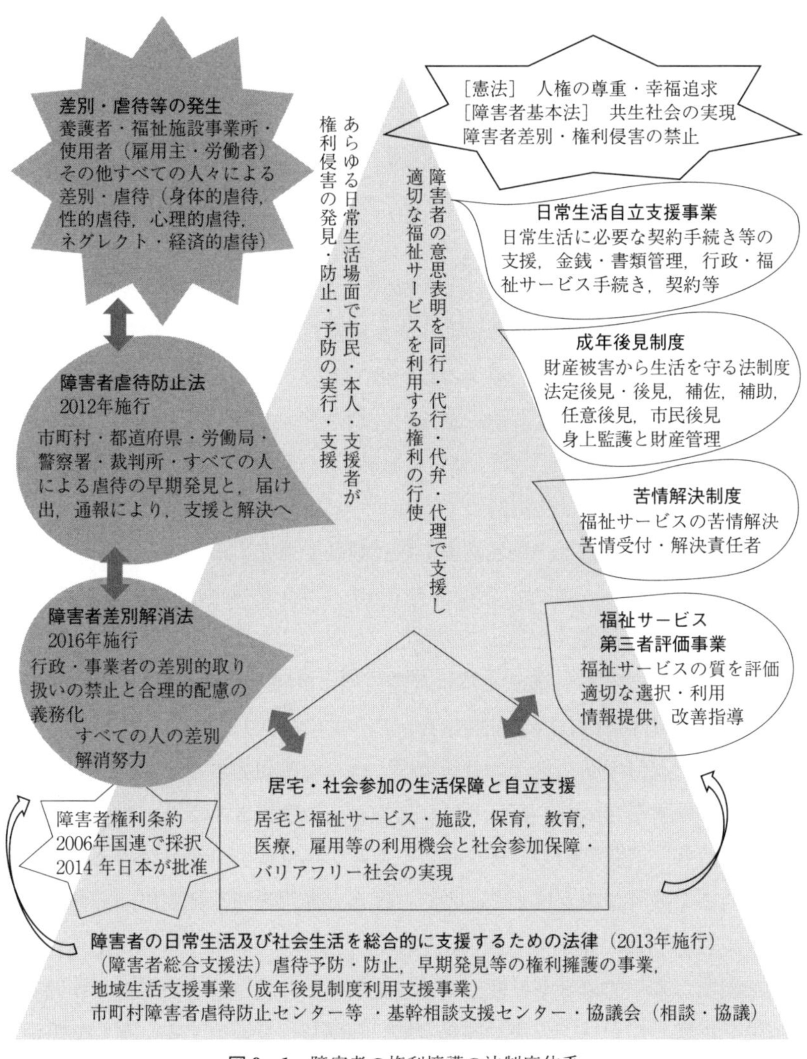

図 9－1　障害者の権利擁護の法制度体系

出所：筆者作成。

契約能力に不安のあるなかで利用したことで，差別や虐待などの権利侵害を受ける危険性が高まった。また，福祉サービス利用の有無に関係なく，日常生活のなかで起こる差別や虐待への対策が急務となっていた。

ここでは，まず，障害者の権利擁護制度の法制度体系を示しておきたい（図9-1）。そのうえで，障害者の権利擁護について述べる。

2　障害者の権利擁護に関する事業と制度

（1）日常生活自立支援事業

特に知的障害者や精神障害者（認知症の人も含む）が，意思判断や契約能力が不十分なために，養護者や業者によって金銭をだましとられ，財産を失うような事件が発生している。この事業の目的は，そのような被害を予防するために，日常的に必要な契約等手続きや，金銭や書類の管理を第三者が行うことである。この事業は，1999（平成11）年，地域福祉権利擁護事業としてはじまり，2000（平成12）年には社会福祉法第81条で福祉サービス利用援助事業に規定された第２種社会福祉事業である。後述の成年後見制度を補完するものとして位置づけられ，2007（平成19）年には日常生活自立支援事業に改称された。

社会福祉協議会が第三者として支援し，上記のような不安を解消し，契約能力を補うことができる。実施主体は都道府県（指定都市）社会福祉協議会であるが，基幹的市区町村社会福祉協議会が具体的に支援している。支援には，福祉サービスの利用援助や日常の金銭管理，そして書類等の預かりサービスがある。相談や助言をしつつ，福祉サービスや行政の手続き，支払いの代行や，住宅貸借や改修，消費契約の支援，税金や保険，医療費，公共料金の支払いなどの日常的な金銭管理を支援する。また，証書，通帳書類や証明用印鑑の預かりを行う。

利用相談は基幹的市区町村社会福祉協議会が受け付け，専門員が障害者の判断能力を把握しながら，支援計画を立て，利用契約を締結する。そして生活支援員が対象者のところに定期的に訪問し，上記に示した支援内容について支援する。都道府県社会福祉協議会に設置された契約締結審査会が監督，支援し，困難事例への対処や指導を行っている。利用者から苦情があれば，運営適正化委員会が調査し解決にあたる。

この事業の利用契約が難しい場合でも，次項でみる成年後見人などが代理人として利用契約者になることによって，本人の判断能力に応じて，柔軟に支援を行うことができる。

（2）成年後見制度

旧民法では禁治産・準禁治産宣告制度を規定し，判断能力に欠ける障害者は，宣告されると戸籍に記載され，無能力者として保護される存在であった。しかし，特に社会福祉基礎構造改革にともなう福祉サービスの利用契約化から，その契約において本人の意思や自己決定を尊重し責任能力を補う制度が必要となった。そこで2000（平成12）年，この本人保護の理念を継承しつつ，民法を改正し，成年後見制度を導入した。その理念は自己決定の尊重，残存能力の活用，そして，ノーマライゼーションであり，障害の有無に関係なく人間として尊重され，自立を支援するために，保護と支援の両立をめざしたものである。

特に知的障害や精神障害等が問題となって，高価な買い物をして借金をかかえることや，障害年金をだましとられる事件，携帯電話等のウェブサイトを経由して金銭を詐取された被害などが報告されている。また，親亡き後の財産管理なども問題となり，財産権が侵害されないようにすることが課題となる[(1)]。

この制度の利用体系は，図９－２の通りである。

成年後見制度には，判断能力に問題があるため，申し立て（未成年者など欠格事由がある人は不可）に基づいて，家庭裁判所が後見人などを選任する法定後見制度がある。そして，あらかじめ本人が将来の不安のために後見人を選び，委任契約を結び，判断能力が低下した時点から実施される任意後見制度がある。

法定後見制度では，家庭裁判所に選任された成年後見人などが，判断能力が不十分ななかでの契約などついて，代理権（本人に代わって契約などができる権限））や同意権（本人が結んだ契約などに賛成の意思を示す権限），取り消し権（本人が結んだ契約などを取り消せる権限）を行使し，本人の財産を守ることができる（財産管理）。ただし，本人の医療契約や費用の支払いはできても，手術のような医療行為の同意は許されていない。また，障害者のなかには，子育てが困難となり子どもの養育に問題が生じる場合があり，親権を代理できる未成年後見を活用することもできる。

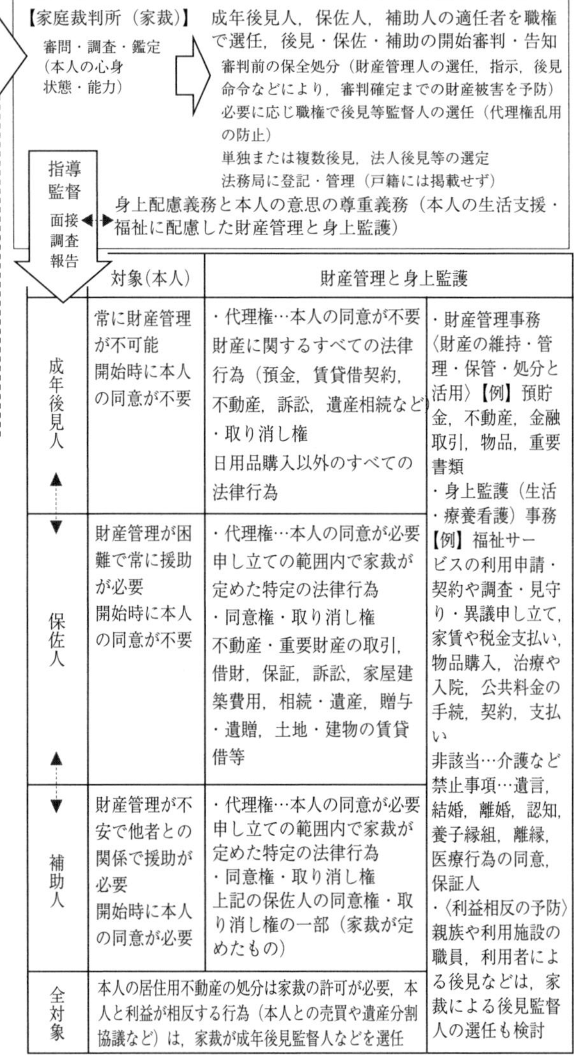

	対象(本人)	財産管理と身上監護	
成年後見人	常に財産管理が不可能 開始時に本人の同意が不要	・代理権…本人の同意が不要 財産に関するすべての法律行為（預金，賃貸借契約，不動産，訴訟，遺産相続など） ・取り消し権 日用品購入以外のすべての法律行為	・財産管理事務〈財産の維持・管理・保管・処分と活用〉【例】預貯金，不動産，金融取引，物品，重要書類 ・身上監護（生活・療養看護）事務 【例】福祉サービスの利用申請・契約や調査・見守り・異議申し立て，家賃や税金支払い，物品購入，治療や入院，公共料金の手続，契約，支払い 非該当…介護など 禁止事項…遺言，結婚，離婚，認知，養子縁組，離縁，医療行為の同意，保証人 ・〈利益相反の予防〉親族や利用施設の職員，利用者による後見などは，家裁による後見監督人の選任も検討
保佐人	財産管理が困難で常に援助が必要 開始時に本人の同意が不要	・代理権…本人の同意が必要 申し立ての範囲内で家裁が定めた特定の法律行為 ・同意権・取り消し権 不動産・重要財産の取引，借財，保証，訴訟，家屋建築費用，相続・遺産，贈与・遺贈，土地・建物の賃貸借等	
補助人	財産管理が不安で他者との関係で援助が必要 開始時に本人の同意が必要	・代理権…本人の同意が必要 申し立ての範囲内で家裁が定めた特定の法律行為 ・同意権・取り消し権 上記の保佐人の同意権・取り消し権の一部（家裁が定めたもの）	
全対象	本人の居住用不動産の処分は家裁の許可が必要，本人と利益が相反する行為（本人との売買や遺産分割協議など）は，家裁が成年後見監督人などを選任		

図 9－2　成年後見制度の利用手続き

出所：筆者作成。

法定後見を利用したい場合は，家庭裁判所に申し立てることができる。申し立てが困難でも後見などが必要な場合は市区町村長が申し立てることができる。後見などを申し立てると，審判（審問，調査，必要に応じ鑑定）が行われ，審判が確定すれば法務局に登記される。そして家庭裁判所が選任した成年後見人，保佐人，補助人によって実施され，必要によりそれらの監督人が置かれる。未成年後見も含め，複数後見や法人後見も認められる。精神上の障害程度の重い順から，後見，保佐，補助という類型を設けている。

成年後見人などの役割は，財産管理と身上監護であるが，本人の意思を尊重し，福祉につながる生活支援を行わなければならない。たとえば，契約（治療・入院，住居，福祉施設入退所，教育，リハビリテーションその他生活に必要な取引など）と，費用の支払い等を本人の意思に沿えるように行う必要がある。しかし，高価な財産に成年後見人が手をつけしまうような不正事案が発生した経緯もあり，本人の必要な財産以外は信託銀行で管理でき，家庭裁判所の指示書がなければその財産の払い戻しや解約をできないようにしている。

後見の対象者は，財産管理が常に不可能な人であり，日常的な買い物などもできない人である。したがって，成年後見人は財産管理などに広く代理権と取消権がある。ただし日用品購入などの取消まではできない。後見の開始及び実施には本人の同意は必要としない。

次に保佐の対象者は，財産管理は難しく常に援助が必要な人であるが，買い物程度はできる人である。重要な財産管理に限って同意権と取消権があり，保佐人の同意なしに行われた契約などは取り消すことができる。申し立ての範囲内で家庭裁判所が定めた法律行為に限って代理権があり，その代理については本人の同意を必要とする。ただし，保佐開始には本人の同意は必要としない。

そして補助の対象者は，財産管理に不安があり，他者との関係において支援の必要性が高い人である。その援助内容について，補助人は，申し立ての範囲内で家庭裁判所が定めた法律行為に限って，代理権，同意権，取消権がある。補助開始には本人の同意が必要となり，補助人と被補助人との同意に基づく自立支援が求められる。

任意後見制度は，将来の不安にそなえて，本人に判断能力があるときに，任意後見人を選び，公正証書による任意後見契約を公証役場で結ぶ。そして判断能力が低下し後見が必要になったときに，任意後見監督人選任の申し立てを家庭裁判所に行うと，任意後見が開始される。家庭裁判所が本人の利益のために法定後見が特に必要と判断された場合は，法定後見に移行する場合もある。

しかし課題はある。成年後見制度は申し立てがなければ利用できない。利用がないまま財産被害や虐待などを発生させる危険性もある。2016（平成28）年には「成年後見制度の利用の促進に関する法律」（成年後見制度利用促進法）が施行され，国と市町村が，基本計画などを立て，市町村が主に協議会[(2)]などを運営する。成年後見制度利用支援事業とともに，専門職後見や法人後見の実施と市民後見人等の支援者を養成することにより，利用を促進させることが望まれる。

（3）苦情解決制度

障害のある福祉サービス利用者は，その福祉サービス内容に問題があっても，苦情を伝えることができない場合がある。そこで，その苦情を受けとめる仕組みを作り，適切な利用を実現することを目的とした苦情解決制度が社会福祉法に規定されている。苦情があれば，利用している事業者，運営適正化委員会（都道府県社会福祉協議会に設けられた第三者的機関），そして都道府県に申し出ることができる。

苦情の申し出を受けた事業者は，選任した第三者委員（苦情の相談・仲介者）と話し合い，苦情解決に努めなければならない。また，苦情の申し出を受けた運営適正化委員会は，相談助言，調査し，申し出人に苦情解決のあっせんをすることになる。ただし福祉サービス提供者と申し出人である利用者の同意が必要になる。そうした手続きにおいて不当な虐待や，そのおそれがある場合は，都道府県知事にすみやかに通知する義務がある。苦情の申し出の確認と話し合いには，事業者選任の第三者委員の見識が問われることになる。

自治体や民間団体では，福祉サービス利用の有無に関係なく，苦情の相談解決に向けて，オンブズマン制度を導入している。その特徴は，市民が代理人としてサービスの必要な人々の代弁をすることであり，苦情を聴き，解決するとともに行政や事業者に対し，利用情報の調査や公開を求める活動を行っている。

（4）福祉サービス第三者評価事業

障害者にとって，福祉サービス情報を理解し選択することは，難しい場合が多い。そこで，社会福祉法では，国及び地方公共団体，社会福祉事業の経営者が，福祉サービスの利用希望者に対する情報提供に努めなければならないことを規定した。また，経営者に対しては，利用契約申し込み時の説明努力義務と利用契約成立時の書面交付義務を規定した。

また，福祉サービスを適切に選択し利用できるように，なおかつ，福祉サービスの質を高めるために，社会福祉事業経営者がサービス内容を自己評価し，国が第三者評価事業に努めることを規定した。この評価事業は，都道府県の認証を受けた法人組織が行い，その評価の公表は義務ではないが，積極的に質の高いサービスを公表して，社会的評価を得られる機会として活用できる。すでに高齢者の介護施設や児童の社会的養護施設等は公表義務としている。

福祉サービスの質を高めるには，福祉サービス提供者の自己評価による改善活動や行政指導を受けるだけでは不十分である。特に障害者本人の意思や願いを受けとめ，苦情解決制度とも連動しながら，利用者本位の福祉サービスにつなげることが重要といえる。

図9－1で示したように，障害者本人が意思と願いをしっかりと表明できるようにしながら，適切な福祉サービスを利用する権利を，すべての人々と支援関係者の連帯で行使できるようにしなければならない。

3　障害者虐待防止法

（1）障害者虐待防止法の概要

2012（平成24）年に施行された障害者虐待の防止，障害者の養護者に対する支援に関する法律（障害者虐待防止法）の目的は，障害者虐待を禁止し，特に家庭内や障害者福祉施設，雇用事業所等で発生し続けている障害者虐待の早期発見と防止をすることである。また，養護者の負担を軽減し，障害者の保護と同時

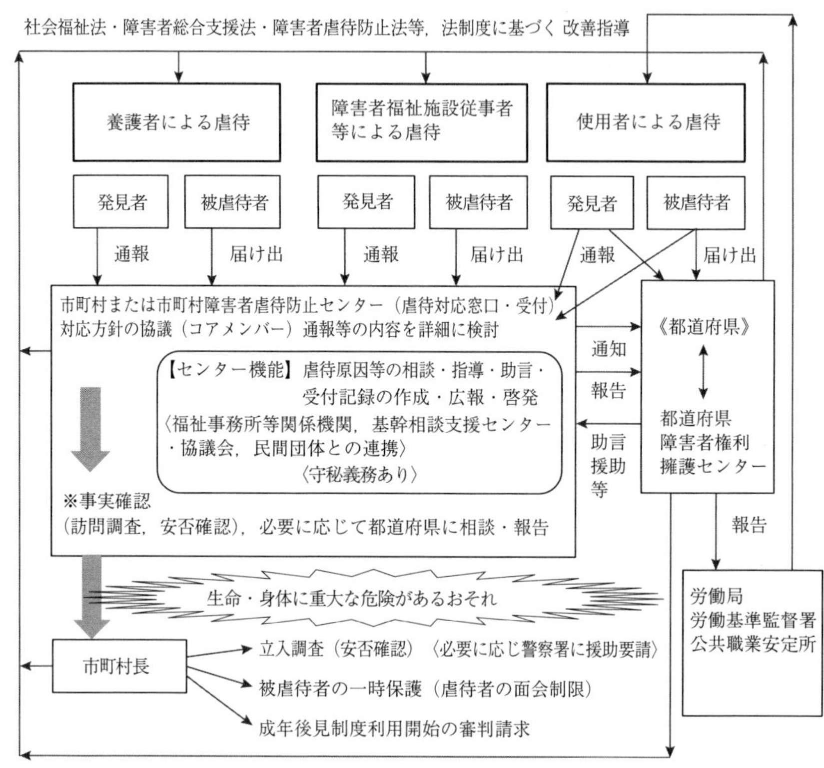

図 9－3　障害者虐待対応の流れ

出所：厚生労働省（2021）「市町村・都道府県における障害者虐待の防止と対応」を参考に筆者作成。

に自立を支援することである（図 9－3）。虐待には①身体への暴行，拘束等による身体的虐待，②暴言や拒絶的，差別的な言動による心理的虐待，③わいせつな行為とわいせつな行為をさせることによる性的虐待，④それらの虐待と同様の，食事や水分，入浴や着替え等の放棄，放置等によって，養護を著しく怠るネグレクト，⑤本人の給料や年金，財産等を不当に処分し利益を得ることによる経済的虐待がある。これらの虐待は刑事罰の対象にもなる。

障害者虐待には，養護者（家族等）と障害者福祉施設従事者等，そして使用者（雇用事業主と労働者）による虐待を規定しているが，すべての人に障害者に対する差別を禁止している。

厚生労働省の資料[3]によれば，2019（令和元）年度の養護者による虐待について，虐待相談・通報件数は5758件，被虐待者は1664人である。また，障害者福祉施設従事者等による虐待相談・通報件数は2761件，被虐待者は734人である。そして，使用者による虐待相談・通報件数は1458件，被虐待者は1741人である[4]。この法律ができてから約10年が経過したが，虐待は解消されにくいという厳しい現実がある。

（２）虐待の発見と支援

すべての人は虐待の発見に努めなければならない。特に国及び地方公共団体，障害者福祉施設，学校，医療機関，保健所その他の障害者福祉団体や福祉施設従事者，医師，弁護士や雇用事業主・労働者が早期発見に努めなければならない。そして，養護者，障害者福祉施設従事者等，使用者（雇用事業主と労働者）によって虐待を「受けたと思われる障害者」を発見した者（家族関係者や福祉施設，雇用従事者等）は，すみやかに通報する義務がある。

たとえ誤報でも，個人の秘密を破った罪や守秘義務を問わず，できる限り虐待を早く発見し，被虐待者の命を守り，支援することを最優先にしている。

養護者による虐待については，その通報や届け出を受けたときは，市町村は事実確認の訪問調査や協議を行い，虐待の有無や緊急性の判断を行う。生命・身体に重大な危険が生じているおそれがある場合には，立入調査や一時保護ができ，入所施設等で居室を確保することができる。その際には，養護者の面会を制限することもできる。立入調査では，必要に応じ，警察の援助を受けられる。また，成年後見制度利用開始の審判請求ができる。

次に，障害者福祉施設従事者等による虐待の通報または届け出を受けた市町村は，その虐待について都道府県に報告し，市町村長または都道府県知事は，障害者福祉施設の運営の適正化と従事者の虐待防止，そして被虐待者の保護と自立支援が行われるように改善指導を行う。その従事者は，障害者と家族からの苦情を処理する体制を整備し，虐待防止に努めなければならない。2022（令和4）年度以降，従業者の虐待研修，そして虐待防止委員会と虐待防止責任者の設置を義務化した。また，身体拘束の適正化に向けて，生命の危険等，やむを得ない理由と必要な事項の記録，定期的な検討委員会の開催と従業者への周知徹底，適正化指針の整備と従業者研修の実施を義務化した。

さらに，使用者（雇用事業主及び労働者）による虐待に対して，障害者を雇用する事業主は，虐待防止と苦情処理体制の整備をしなければならない。そして市町村は，虐待の通報や届け出があった場合，都道府県に通知し，都道府県は，虐待が起こった雇用事業所の所在地を管轄する都道府県労働局に報告しなければならない。その報告を受けた労働局長または労働基準監督署長もしくは公共職業安定所長は，労働条件や雇用管理の確保とともに，虐待の防止，障害者の保護及び自立のために，都道府県と連携しながら，関連法に基づき雇用問題の調査と指導を行う。福祉施設従事者や使用者による虐待状況と対応措置については公表する。

ところで，保育所職員や学校教師による体罰や性的虐待，医療機関における不適切な身体拘束などの問題も起こっているが，この法律において通報義務はない。しかし，それらの機関の管理者は，研修・啓発を行い，虐待防止のための相談体制を整え，虐待の対処とその防止を行わなければならない。

市町村障害者虐待防止センターは，市民からの虐待発見による通報や養護者による虐待を受けた障害者，そして障害者福祉施設従事者等，または使用者による虐待を受けた障害者からの届け出を受理し，その養護者と障害者に相談・指導・助言を行う。このセンター機能は虐待対応協力者（相談支援事業者等）に委託することもできる。市町村は，地域の関係機関と連携協力体制を整備し，広報などの啓発も行う。

都道府県障害者権利擁護センターは，使用者による虐待の通報または市町村からの通知を受理し，市町村が行う虐待対応について，市町村間の連絡調整，情報提供，助言等を行う。そして，虐待を受けた障害者とその養護者に対して，情報提供や助言，関係機関との連絡調整等を行う。また，情報の収集や分析，提供，啓発活動を行う。この業務は虐待対応協力者に委託することもできる。

障害者は，被害を訴えることが難しいこともあるだけに，養護者，他者との関係性や，生活状況，環境から，虐待が起こらないように調整することが求められる。

4　障害者権利条約と障害者差別解消法

（1）障害者権利条約

世界人権宣言（1948年），知的障害者の権利宣言（1971年），障害者の権利宣言（1975年）が国際連合で採択され，人権の尊重が提唱されてきた。

そして，2006（平成18）年に障害者の権利に関する条約（障害者権利条約）が国連総会において採択された。この条約では，障害者本人から発せられた「私たちのことを私たち抜きに決めないで（Nothing About Us Without Us）」をスローガンに掲げた。しかしこの条約は，スローガンの提唱だけに終わらず，その条約規定を締結した国は，条約で規定される内容を国内法にも定め，法的拘束力をもつものになった。

この条約は，障害者の人権と自由・平等を促進しつつ，保護し確保することを目的とする。主な規定は，①すべての障害者に対する無差別平等と特に差別されやすい障害のある女子・児童への平等の確保，②完全参加と平等のバリアフリー社会を指標にした施設及びサービス等の利用の容易さ，③搾取，暴力及び虐待からの自由，④地域社会で平等に生活する権利，⑤表現及び意見の自由と情報へのアクセス，⑥その他，教育機会の平等や労働する権利，⑦文化的な生活に参加する権利等である。これらは，障害者に限らず，人間としての意思を尊重した無差別平等社会を示したものである。障害者が「様々な障壁[(5)]」との相互作用によって平等な社会参加が妨げられており，そうした差別をなくし平等を進めるために「合理的配慮[(6)]」を確保することを規定した。

その後の日本は，この条約の主旨を受けとめ，2011（平成23）年の障害者基本法では，障害の捉え方として，障害及び社会的障壁から制限を受けることであると明記し，差別禁止や成年後見制度等の権利利益の保護を規定した。2012（平成24）年には障害者総合支援法で，市町村の虐待防止，早期発見等の権利擁護の事業，障害者虐待防止法では，虐待の発見・防止・予防を規定した。そして，2014（平成26）年に障害者権利条約を批准し，その規定を受けとめ，障害者基本法に示された差別禁止の理念を具体化するために，差別禁止の行動体系を示した障害者差別解消法が2016（平成28）年に施行された。

（2）障害者差別解消法

この法律の目的は，障害の有無に関係なく，すべての人が共生社会の実現に向けて努力し協力することにより，障害を理由とする差別の解消を推進することである。

行政機関と民間事業者には，障害を理由とする不当な差別的取り扱いの禁止が義務化された。また，合理的配慮について，行政は義務，民間事業者は努力義務としていたが，障害者雇用においては義務化され，2021（令和３）年には，すべての民間事業者において義務化された（その後３年以内に施行）。

社会的障壁とは，障害者が社会生活を営むうえで，物や施設，設備，制度や法律，また，通行や交通機関等の利用ができないことや，障害者を理解しないような慣習や慣行，文化，障害者に対する偏見などである。

不当な差別的取り扱いとは，たとえば障害を理由にした，行政機関の窓口対応や，学校の受験，入学の拒否，また，鉄道・バス・タクシー・飛行機の乗車拒否，建物の管理者の入居拒否などである。

合理的配慮とは，障害者からその社会的障壁の除去が必要だと意思表明があった場合に，その対応に過重な負担を伴わない必要かつ合理的な取り組みであるとしている。たとえば，段差がある場合の携帯スロープの活用，筆談や，読み上げ，手話，写真や絵等を活用したコミュニケーション援助など，障害の困難度に合った支援を行うことである。

これらの取り組みについて，政府は障害者が参画している障害者政策委員会の意見を聴き，基本方針を立てて公表しなければならない。そして，その方針に即して行政機関等は対応要領と，事業者向けに対応指針を作成し，差別や合理的配慮の具体例を示さなければならない。事業者が国の指導や勧告に従わない場合や，虚偽報告した場合は罰則となる。

行政は差別防止のための体制整備とともに差別解消に向けた情報収集や啓発活動なども行う必要がある。また，都道府県や市町村に障害者差別解消支援地域協議会を組織することができ，差別解消のための協議や協力機関としての役割がある。その協議会に従事する者には守秘義務があり，違反の場合は罰則規定がある。

障害者の権利擁護のためには，あらゆる日常生活場面で，市民・本人・支援者によって，権利侵害の発見・防止・予防を行う必要がある。樹木の成長のごとく，土壌には，法制度，支援人材，その整備・配置という肥料や水と空気をあたえ，差別・虐待の防止・予防につながる権利擁護をめざさなければならない。

注

⑴　市川障害者権利擁護連絡会家族会（2014）「障がいのある人と成年後見――家族の思いを伝える」。

⑵　協議会の役割は，市町村（社会福祉協議会などの団体に委託可能）が運営主体となり，地域の関係者・機関・団体の協力により，本人と後見人などを日常的に見守り支えるチームが，成年後見制度を自発的に利用促進できるように活動することである。協議会には，法律・福祉の専門職団体である弁護士会，司法書士会，社会福祉士会や精神保健福祉士協会，司法機関の家庭裁判所，また地域の関係機関である保健・医療（病院，医師会，保健所），福祉団体（児童，成人，高齢者の福祉施設・事業所，社会福祉協議会）や当事者団体，民生委員，自治会などの団体，企業，NPOの民間団体，金融関係団体などが参画する。地域関係者・専門機関・団体との連携を強化し，地域全体でこの制度を利用促進することをめざしている。

⑶　厚生労働省（2021）「令和元年度『障害者虐待の防止，障害者の養護者に対する支援等に関する法律』に基づく対応状況等に関する調査結果報告書」。

⑷　厚生労働省（2021）「『令和２年度使用者による障害者虐待の状況等』の結果を公表します」（https://www.mhlw.go.jp/stf/houdou/0000172598_00006.html　2022年３月７日閲覧）。

⑸　長瀬修・東俊裕・川島聡編（2008）『障害者の権利条約と日本――概要と展望』生活書院，217頁。

⑹　⑸と同じ，219頁。

参考文献

井土睦雄（2015）「社会福祉における権利擁護」井村圭壮・武藤大司編『社会福祉の

制度と課題』学文社，81～92頁。
厚生労働省（2021）『市町村・都道府県における障害者虐待の防止と対応』。
厚生労働省（2021）『障害者福祉施設等における障害者虐待の防止と対応の手引き』。
厚生労働省（2022）『第二期成年後見制度利用促進基本計画――尊厳のある本人らしい生活の継続と地域社会への参加を図る権利擁護支援の推進』。
社会福祉士養成講座編集委員会編（2014）『権利擁護と成年後見制度（第４版）』中央法規出版。
障害と人権全国弁護士ネット編（2014）『障がい者差別よ，さようなら』生活書院。
東京都福祉保健局通知「施設・事業所における虐待防止体制の整備の徹底について」（2021年５月12日）。
内閣府「合理的配慮等具体例データ集」（https://www8.cao.go.jp/shougai/suishin/jirei/index.html　2022年３月16日閲覧）。
日本ソーシャルワーク教育学校連盟編（2021）『権利擁護を支える法制度』中央法規出版。
日本ソーシャルワーク教育学校連盟編（2021）『障害者福祉』中央法規出版。

学習課題

①　障害者がなぜ権利侵害を受けやすいのだろうか。障害と社会的障壁の視点から考えてみよう。

②　障害者差別と虐待を予防するためには，日常の支援において，どのような考え方と行動が大切になるのか，話し合ってみよう。

コラム　障害者の権利擁護を地域の連帯で

差別や虐待のない共生社会を実現するためには，どのような権利擁護が必要になるのだろうか。

差別や虐待の背景をみるとき，地域の目から見えない密室のなかで，養護者や支援者の介護疲れ，不安・悩みや精神疾患，知識情報の不足，倫理観の欠如や，さらには支援体制の不十分さなどが存在する。同時に，障害と社会的障壁により意思表明もできない障害者が存在する。心身の障害のみならず社会的，経済的な面からも生活困難性をかかえており，支援環境への対応抜きには解決は図れない。

ところで，みなさんは，幼いころに「北風と太陽」や，「三匹の子豚」の童話を聴いたことがあるだろうか。たとえていうなら，北風を強く吹かせて差別や虐待を取り払うことは必要だが，太陽のように，すべての地球環境と人々に向かって，あたたかい日差しをそそぎ，自立支援を進めていくことが求められるのではないだろうか。また，差別や虐待の予防や防止には，三匹の子豚に，藁の家のような弱くてもろい構造ではなく，頑丈なレンガ構造のような支援システムをつくり，命と生活を守らなければならないのではないか。

筆者は，まだ権利擁護の制度が整っていない1970年代から，障害者福祉施設現場に身を置いた。ある利用者が，好きな人ができ，会いたくて，喫茶店の席に何時間も座り，共に飲んだコーヒーのほろ苦さ。また，「家に帰りたい」と思う利用者に，入所施設でも週一回は家族との生活を保障しようと奔走した日々。そして，「こうして生活できてうれしかった」と，共に地域のなかで暮らしあえる喜びを感じ，笑顔をみせてくれた利用者のさまざまな願いが思い出される。

障害者の願いは特別ではなく，すべての人々の願いでもある。本人から「しあわせをつかみたい」「いやなことはいやだ」「好きな人と一緒に暮らし，はたらきたい」と表明できるような環境を日常のなかからつくりだし，共生社会を地域の連帯でつくらなければならない。むしろ，障害者差別解消法や，障害者虐待防止法等がなければ，人権社会をめざすことができないような社会の弱さこそ，問題であるという認識を深めなければならない。

第10章

障害者と家族などの支援における関係機関と専門職の役割

本章では，障害児・者を支援する関係機関の仕組みや役割について，国・都道府県・市町村別に説明する。さらに，本人や家族等の支援をする専門職の役割やピアサポート，セルフヘルプなどについても学ぶ。

1　障害者と家族などの支援における関係機関の役割

障害者と家族などの支援については，障害者自立支援法（2006（平成18）年）によって，①三障害（身体・知的・精神）の一元化，②利用者本位のサービス体系への再編，③就労支援の強化，④支給決定の透明化，明確化，⑤安定的な財源の確保を目的として実施された。そのなかで，障害種別間の格差の解消や介護などの日常生活支援，地域移行や就労支援などをサービスに位置づけた。現在の「障害者の日常生活及び社会生活を総合的に支援するための法律」（障害者総合支援法）は，個々のニーズに基づいた地域生活支援体系の整備等を推進するため，市区町村及び都道府県が行う事業の役割を明確にした。

（1）行政機関の役割

①　国の役割

国は，自立支援給付[(1)]（介護給付，訓練等給付，計画相談支援給付，地域相談支援給付，自立支援医療及び補装具）や地域生活支援事業などの業務が適正に行われるように，都道府県や市町村に対して必要な助言や情報提供などを行う。国は，自立支援給付の2分の1[(2)]を，また都道府県が支給した自立支援医療費（精神通院医療[(3)]）の２分の１を負担する。また，厚生労働大臣は，障害福祉サービスや相談支援，都道府県や市町村の地域生活支援事業の提供体制を整備し，適切に実施できるように「基本指針」を定める。

②　都道府県の役割

都道府県は，「障害福祉サービス事業者の指定」や「児童の入所措置[(4)]」，「障害者施設等の職員研修」，「障害者手帳の交付」などの業務を行っている。障害福祉サービス事業者の指定は，基本的に都道府県が行う。例外として特定相談支援事業者の指定だけは市町村が担う。相談支援事業所には「特定相談支援事業所」と「一般相談支援事業所」の２つがある。特定相談支援事業所はサービス等利用計画を作成する。一般相談支援事業所は，障害者が地域生活へ移行するための相談支援を行う。

また，障害者手帳は「身体障害者手帳」「療育手帳（知的障害者）」「精神障害者保健福祉手帳」があり，いずれも手帳の交付は都道府県（指定都市）が行っている。都道府県が設置している，障害者に対する相談・判定機関として，「身体障害者更生相談所」や「知的障害者更生相談所」があり，それぞれの障害に応じた，相談・指導や医学的，心理学的，職能的な判定業務，身体障害者に対しては，補装具の処方及び適合判定などを行っている。さらに，関係機関と連携を図り，地域のネットワーク化を推進するといった地域生活支援の推進を行っている。精神障害者保健福祉手帳は，精神疾患の状態と能力障害の状態から総合的に判断され，交付される。申請は，居住地の市町村の担当を経由し，都道府県知事（指定都市市長）に申請となる。

③　市町村の役割

障害者支援に関して，市町村は最も身近なサービスの実施機関となっている。障害者総合支援法による具体的なサービスとして，障害者に対して介護支援を行うこと，訓練の機会や就労支援を行うことなどがあげられる。サービスを利用するためには，市町村へ申請（給付申請）を行い，「障害支援区分認定」を行う。障害支援区分認定では区分が６段階に分けられており，その区分によって受給できるサービスや利用できるサービスに違いがある。サービスを受けるためには，「サービス等利用計画案」の提出→申請の受理→「サービス等利用計

表 10－1　市町村における障害者支援の役割

①　支給決定等に伴う障害支援区分の認定
②　サービスの支給決定：介護給付費，訓練給付費，相談支援給付費，自立支援医療費（精神通院医療に関するものを除く）及び補装具費等の支給決定等
③　障害福祉サービス受給者証の交付
④　障害福祉サービスに関する相談

出所：厚生労働省「サービスの利用手続き」(https://www.mhlw.go.jp/bunya/shougaihoken/service/riyou.html　2022年９月26日閲覧）を参考に筆者作成。

画」の提出を行う必要がある。サービス等利用計画案[(5)]作成については，本人が市町村の担当者に相談して作成することができる。また，特定相談支援事業所[(6)]に申請の代行を依頼することもできる。申請が認められると「受給者証[(7)]」が発行される。このように，市町村の役割は障害支援区分認定，「サービスの支給決定」など，障害者支援に直接関係する役割を担っている。市町村の役割をまとめると，表 10－1 の通りとなる。

（２）障害者に対する法制度に基づく施設，事業所

障害者自立支援法施行にともない，利用者支援の方法は地域でのサービスと住まいの場に再編された。さらに，「地域生活支援」「就労支援」のための事業や重度障害者を対象としたサービスが創設された。障害者総合支援法においても，障害の種別にかかわらず，サービスを利用することができる。

障害者に対する事業所・施設としては，地域生活を支える相談機関や居住施設などがある。日中介護が必要な人には「生活介護」，自立した日常生活または社会生活ができるようにするための「自立訓練」や「就労支援」などがある。居住を目的とする施設には「共同生活援助（グループホーム）」や「障害者支援施設」などがある。

その他，家庭環境や住宅環境により，家庭において日常生活を営むのに支障がある人に生活の場を提供する「福祉ホーム」や地域で生活する障害者の日常生活支援として，創作的活動などを行う「地域活動支援センター」などもある。

さらに，入院の必要のない援助を必要とする生活保護受給者が生活する「救護施設」や，生活保護受給者で住居のない人に対して住まいと生活の相談に応

表10－2　学校教育法改正

現行（平成19年4月1日施行時のもの）	改正前
第1条　この法律で，学校とは，小学校，中学校，高等学校，中等教育学校，大学，高等専門学校，特別支援学校及び幼稚園とする。	第1条　この法律で，学校とは，小学校，中学校，高等学校，中等教育学校，大学，高等専門学校，盲学校，聾（ろう）学校，養護学校及び幼稚園とする。
第6章　特別支援教育	第6章　特殊教育

出所：文部科学省「特別支援教育について」(https://www.mext.go.jp/a_menu/shotou/tokubetu/material/021/020.htm　2022年4月4日閲覧）より抜粋。

じる「宿所提供施設[(8)]」などがある。

（3）特別支援学校

2001（平成13）年，文部科学省によって，これまでの「特殊教育」といういいかたに代えて，「特別な支援」という考え方が示され，2007（平成19）年より正式に「特別支援教育」が実施されることとなった。

教育基本法の第4条には，教育の機会均等について次の通り定められている。

第4条　すべて国民は，ひとしく，その能力に応じた教育を受ける機会を与えられなければならず，人種，信条，性別，社会的身分，経済的地位又は門地によって，教育上差別されない。

2　国及び地方公共団体は，障害のある者が，その障害の状態に応じ，十分な教育を受けられるよう，教育上必要な支援を講じなければならない。

特別支援教育とは，文部科学省「特別支援教育を推進するための制度の在り方について（答申）」(2015（平成27）年）の第2章「特別支援教育の理念と基本的な考え方」によると「障害のある幼児児童生徒の自立や社会参加に向けた主体的な取組を支援するという視点に立ち，幼児児童生徒一人一人の教育的ニーズを把握し，その持てる力を高め，生活や学習上の困難を改善又は克服するため，適切な指導及び必要な支援を行うもの」と考えられる。

障害があっても，だれもが学校に通い，学習する権利が保障されるようになってきたが，文部科学省「共生社会の形成に向けたインクルーシブ教育システムの構築のための特別支援教育の推進（報告）」（2012年７月）に向けた取り組みでは，「合理的配慮のための基礎的環境整備（ネットワークの形成・連続性のある多様な学びの場の活用，交流及び共同学習の推進）」や「教職員の専門性向上」などの課題が示されている。

また，医療的ケア児の支援や発達障害児への教育には，重度化や多様化という課題もある。医療的ケア児の生活では，常時医療が必要な子どもも多く，健康状態の観察や家族状況などにより，個別の対応が求められる。発達障害児に対する教育には，必要に応じて福祉や医療関係の専門職のかかわりも必要となる。

さらに，地域によって社会資源に違いがあるため，本人や家族の要望に応えられないという状況もある。障害のあるなしにかかわらず，当たり前に教育が受けられる環境の整備が望まれる。

（４）ハローワークの役割

ハローワークは，一般に求職者に対する就職活動を支援する国の機関である。厚生労働省設置法第23条に基づき「国民に安定した雇用機会を確保すること」を目的として設置されている。正式名称は，「公共職業安定所」であるが，略称として職安（しょくあん）やハローワークと呼ばれることがある。

ハローワークでは，障害者の就労相談に応じている。障害者の職業相談や職業紹介は，チームで支援する取り組みを進めている。

「チーム支援」では，福祉施設などの利用者をはじめ，就職を希望する障害者一人ひとりに対して，ハローワーク職員と福祉施設等の職員，その他の就労支援者がチームをつくり，就職から職場定着まで一貫した支援を実施する。この「チーム支援」の活動は，障害者自立支援法が施行された2006（平成18）年度からモデル事業として開始され，2007（平成19）年度には全国で実施されるようになった。

その他，障害者の就労支援には，「障害者職業センター[(9)]」，「障害者就業・生活支援センター」や「職場適応援助者（ジョブコーチ）[(10)]」などによる支援が行われている。「障害者職業総合センター[11]」は障害者の職業生活における自立を促進するため国により設置されている。職業リハビリテーション機関の「広域障害者職業センター[12]」では，職業適性や職業訓練，就職活動に必要な情報提供や指導を行い，個々の特性・能力に応じた支援をしている。「地域障害者職業センター[13]」は，職業評価，職業指導，職業準備訓練及び職場適応援助など各種の職業リハビリテーションを個々の障害者の状況に応じて実施するとともに，事業主に対して，雇用管理に関する助言などを行っている。障害者就業・生活支援センター[14]では，障害のある人の身近な地域において，就業面と生活面の一体的な相談・支援を行う。働きたいけれど，「だれに相談すればよいかわからない」「就職先が見つからない」といったことなどを相談する場所である。

2　関連する専門職などの役割

障害者や障害児に対する医療関係職種は，医師や保健師，看護師，理学療法士，作業療法士，言語聴覚士などがあげられる。医師は，それぞれの障害（身体・知的・精神・発達，難病）の診断や治療にかかわる。看護師は，医師の指示のもと療養の世話や診療の補助を行う。在宅看護では，療養のケアを中心に，障害のある人の健康の維持と生活を支える重要な役割を担っている。

また，障害者が地域生活を送るうえで，福祉施設・機関による支援が必要な場合があり，サービス提供にかかわる「サービス管理責任者」や「居宅介護従業者」の役割も重要である。さらに，障害のある児童に対しては，学校関係の養護教諭やスクールソーシャルワーカー（SSW）なども必要に応じてかかわることがある。

いずれの支援も家族や他職種と連携を図ることが大切であり，本人とともに課題解決に向けて役割を果たしていく。

（1）保健・医療関係の専門職

医師は，医療及び保健指導を行う医療従事者である。障害者における医師の役割として，先に述べた，障害支援区分の認定にかかわる医師の意見書があり，医師は障害の多様な特性，その他心身の状態について診断をする。

保健師は，地域の健康教育・保健指導などを行い，疾病の予防や健康増進など公衆衛生活動に従事する専門家である。都道府県の保健所の保健師は，病院などと連携を図りながら，難病対策や精神保健相談，感染症対策などに従事している。市町村の保健師は，乳幼児健診，がん検診などの各種健診，認知症や生活習慣病などの予防教室の企画運営，高齢者・障害のある人の相談，健康相談，訪問指導などに従事している。障害者支援にかかわる保健所の役割としては，重症心身障害児（者）支援，難病対策，精神保健相談，感染症対策，保健医療相談などがあげられる。

看護師は，医療，保健，福祉などの場において，医師などが患者を診療する際の補助，病気や障害をもつ人々の療養上の世話，疾病の予防や健康の維持増進を目的とした患者指導などを行う医療従事者である。病院や福祉施設で障害者のケアを担う場合もある。

理学療法士（Physical Therapist：PT）は，ケガや病気などで身体に障害のある人や障害の発生が予測される人に対して，基本動作能力（座る，立つ，歩くなど）の回復や維持，及び障害の悪化の予防を目的に，運動療法や物理療法などを行い，自立した日常生活が送れるように支援する。

作業療法士（Occupational Therapist：OT）は，日常生活をスムーズに送るための応用的動作のリハビリテーションを行う。作業療法士は，日々の生活に欠かせない，「顔を洗う」「歯磨きをする」「料理をする」「食事をする」「字を書く」などの生活動作の訓練を行う。

言語聴覚士（Speech language Hearing Therapist：ST）は，言語や聴覚，音声，呼吸，認知，発達，摂食・嚥下にかかわる障害に対して，その発現メカニズムを明らかにし，検査と評価を実施し，必要に応じて訓練や指導などを行う。医療機関のほか，介護老人保健施設，障害者福祉施設などで活動している。

（2）社会福祉関係の専門職

相談支援専門員は，障害者が自立した日常生活，社会生活を営むことができるよう，障害福祉サービスなどの利用計画の作成や地域生活への移行・定着に向けた支援，住宅入居等支援事業や成年後見制度利用支援事業に関する支援など，障害者の全般的な相談支援をする。主な職場は，指定相談支援事業所，基幹相談支援センター，市町村である。

サービス管理責任者は，障害者総合支援法に基づき配置が義務づけられている。サービス管理責任者の配置が必要な障害福祉サービスは，居宅介護，療養介護，生活介護，共同生活援助，自立訓練，就労移行支援などがある。

サービス管理責任者の主な業務内容は，①個別支援計画の作成，②利用者に対するアセスメント，③利用者・家族に対する個別支援計画の説明と交付，④モニタリング，⑤個別支援計画の修正などがあげられる。その他，面接や会議の運営，記録，関係機関との連絡・調整，職員への技術指導や助言，自立生活への必要な支援なども行っている。

居宅介護従業者[(15)]は，訪問介護を行う専門職である。都道府県知事の指定する「居宅介護従業者養成研修の課程を修了した者」をいう。主に居宅介護（ホームヘルプ）業務に従事する。

（3）ピアサポートとセルフヘルプ

障害者支援において，公的なサポートも重要だが，同じ障害や悩みを抱える人同士の支えあいは，とても心強く，お互いに影響を与えあう存在である。このような支えあいは，「ピアサポート」や「セルフヘルプ」と呼ばれている。

ピアサポート（peer support）とは，同じような境遇にある人同士の支えあいを表す言葉で，共通項と対等性をもつ人同士（ピア）の支えあいを表す言葉である。ピアサポーターには特別な資格は必要ないが，「子育て支援」や「精神障害」などの分野で養成講座や研修などが行われることがある。

セルフヘルプ（self-help）は，「自助」という意味をもっている。「自助」の精神に基づくグループを「セルフヘルプグループ」と呼び，そのグループでの参加者（メンバー）は，同じ障害や疾患などの共通した課題を抱える「当事者」である。当事者にとっては，悩み・不安・苦しみ・悲しみなどさまざまな気持ちを分かちあえる共感の場であり，体験や想いを共有できる安心の場であるとともに，依存症の人にとっては回復の場でもある。

（4）教育関係の専門職

養護教諭は，学校教育の現場で「保健室の先生」と呼ばれている保健管理・保健教育の専門職である。保健室に常駐し，けがや病気の応急処置，健康診断や保健指導を行っている。

近年は友人関係や勉強の悩みをもつ児童の相談や不適応を起こす生徒の対応も多くなっている。障害という視点から考えると，発達障害のある児童・生徒へのサポートや子どもの家庭状況などの相談を受けることもあり，これまで以上に心理職や福祉職との連携を必要とする場合が多くなっている。

スクールソーシャルワーカーは，子どもの家庭状況などを背景に非行や問題行動を起こす児童・生徒に対して，家庭環境へ働きかけたり，関係機関と連携・調整を行ったりする福祉専門職である。学校内における支援体制（チーム）作り，児童・生徒への面接や保護者支援などが主な役割と考えられる。その他，保護者や教職員への情報提供や教職員への研修活動などを行っている。

（5）家族，地域住民，ボランティア，NPO の役割

①　家族の役割

我が国の民法は，三親等内の親族に対して扶養義務があることを明記している[16]。家族の定義は，配偶者（事実上婚姻関係と同様の者を含む），父母，子及び兄弟姉妹並びに配偶者の父母及び子をさす。実際に，障害児が成人した後も経済的自立が困難な場合，親族による扶養が必要になることが多い。日常生活の介護にあたる親の高齢化により，身体的・心理的な負担が増えることがある。そのため，自宅以外で暮らす場や活動する場が必要となる。家族によるケアだけでなく，身近な地域で介護や医療的ケアを受けながら安心して暮らす場が必要となる。地域生活に必要な介護や生活支援を受けることができれば，身近な地域で暮らし続けることができる。地域に根差したグループホームや新たな取り組みのひとつであるシェアハウス[17]などがあれば，親自身の老後の安心感につながる可能性がある。

② 地域住民とボランティアの役割

家族とともに地域生活を支えるためには，「場所」や「人」，「費用」が必要になる。場所については，家族の住む身近な地域であることが重要になる。人については，地域住民やボランティア[18]などの協力も必要である。費用については，たとえば障害者自身の「障害年金」や「寄付金」などを活動の運営費に充てるなど，自力での費用の確保が必要となる。地域生活の取り組みを支えるスタッフは，家族やボランティアが中心であり，さまざまな年齢層のボランティアが活躍する例がある[19]。

地域住民やボランティアなどが「地域共生社会」の実現に向けて，その担い手として期待されている。行政主体のサービスだけでなく，さまざまな支援を必要とする地域では，住民やボランティアの協力が必要となる。そのため，さまざまな社会福祉活動に参加できるよう，市町村の社会福祉協議会による広報活動や「障害者週間[20]」による啓蒙活動などが行われている。今後は，より多くの住民がボランティアに参加できる基盤づくりが必要となる。

③ NPO（Non-Profit Organization）の役割

NPO とは，さまざまな社会貢献活動を行い，団体の構成員に対し，収益を分配することを目的としない団体の総称である。このうち，特定非営利活動促進法に基づき法人格を取得した法人を，特定非営利活動法人（NPO 法人）という。NPO は法人格の有無を問わず，さまざまな分野（福祉，教育・文化，まちづくり，環境，国際協力など）で，社会の多様化したニーズに応える重要な役割を果たすことが期待されている[21]。

注

(1) 自立支援給付とは，障害者の自己決定を尊重し，障害者が自らサービスを選択して利用する仕組みである。

(2) 自立支援給付の負担割合は国50％，都道府県25％，市町村25％となっている。

(3) 精神通院医療は，精神疾患の治療にかかる医療費を軽減する制度であるとともに，通院による継続的な治療が必要な人が申請・利用できる公的な制度である。負担割合は国50％，都道府県50％。

(4) 「児童の入所措置」については，2005（平成17）年の児童福祉法の改正により，「契約制度」が導入された。障害児施設への入所に関しては，契約または措置のいずれにより行うかは，ガイドラインを参考にし，各都道府県，指定都市及び児童相談所設置市が判断する。

(5) 「サービス等利用計画案」とは，希望するサービスを記載した計画書（各市町村に提出する）。「サービス等利用計画案」の内容は，希望するサービスをどのくらいの頻度で利用するかが書かれているもの。

(6) 「特定相談支援事業所」は，利用者に対して面談や訪問などを行ったうえで「サービス等利用計画」を作成する。さらに，実施されているサービスのモニタリングや必要に応じて計画の見直しや修正を行う。

(7) 「受給者証」とは，「福祉サービスを利用するために自治体が発行する証明書」。この「受給者証」には利用者が受けるサービスの内容や支給量などが書かれている。

(8) 「宿所提供施設」は，生活保護法に規定された，住居のない要保護者の世帯に対し，住宅扶助を行う施設（生活保護法第38条第６項）をいう。

(9) 障害者職業センターは，障害者雇用促進法において専門的な職業リハビリテーションを実施する機関として位置づけられている。第８章も参照。

(10) ジョブコーチは，知的障害者，精神障害者等の職場適応を容易にするため，職場にジョブコーチを派遣し，きめ細かな人的支援を行う。地域障害者職業センターや就労支援を行う社会福祉法人等や事業主らがジョブコーチを配置している。第８章も参照。

(11) 障害者職業総合センターは１センター（千葉県）。第８章も参照。

(12) 広域障害者職業センターは２センター（埼玉県，岡山県）。第８章も参照。

(13) 地域障害者職業センターは47センター・５支所（47都道府県）。第８章も参照。

(14) 障害者就業・生活支援センターは，就業及びそれに伴う日常生活の仕事と生活の両方をサポートする。センターには，「就労支援員」と「生活支援員」がおり，「就職」「住居」「役所への手続き」などさまざまな支援を行っている。第８章も参照。

(15) 居宅介護従業者（ヘルパー）は，心身に障害のある人の自宅を訪問し，生活援助や身体介護のサービスを行う。食事作りや洗濯・掃除・買い物などの生活支援や食事・入浴・排泄の介助や生活全般にかかわる相談・支援を行う。

(16) 民法上の親族の範囲は，①六親等内の血族，②配偶者，③三親等内の姻族（第725条）。姻族とは，配偶者の血族，本人の血族の配偶者のこと。民法第877条第１項に「直系血族及び兄弟姉妹は，お互いに扶養する義務がある」と書かれている。

(17) 重度障害者のシェアハウスの取り組みが，NHK「目撃！　にっぽん」「はたけのいえで芽生えたものは～重度障害者のシェアハウス～」（初回放送日：2021年12月５日）で紹介されたものを参考とした。

(18) ボランティア活動は個人の自発的な意思に基づく自主的な活動であり，活動者個人の自己実現への欲求や社会参加意欲が充足されるだけでなく，社会においてはその活動の広がりによって，社会貢献，福祉活動等への関心が高まり，さまざまな構成員がともに支え合い，交流する地域社会づくりが進むなど，大きな意義をもっている。厚生労働省「ボランティア活動」(https://www.mhlw.go.jp/stf/seisakunitsuite/bunya/hukushi_kaigo/seikatsuhogo/volunteer/index.html 2022年5月31日閲覧）参照。

⒆ ⒄と同じ。

⒇ 「障害者週間」は，2004（平成16）年6月の障害者基本法の改正により，国民の間に広く障害者の福祉についての関心と理解を深めるとともに，障害者が社会，経済，文化その他あらゆる分野の活動に積極的に参加する意欲を高めることを目的としている。従来の「障害者の日」（12月9日）に代わり，12月3日から12月9日を「障害者週間」としている。内閣府「障害者週間とは」(https://www8.cao.go.jp/shougai/kou-kei/shukan/shusi.html 2022年5月31日閲覧）参照。

(21) 内閣府 NPO ホームページ「NPO のイロハ」(https://www.npo-homepage.go.jp/about/npo-kisochishiki/npoiroha 2022年5月31日閲覧)。

参考文献

小山内美智子（1997）『あなたは私の手になれますか』中央法規出版。
川田昇（2017）『山の学園はワイナリー（新装版)』エディターシップ。
川村匡由・米山岳廣編（2005）『障害者福祉論』ミネルヴァ書房，174～175頁。
厚生労働統計協会編（2020）『国民福祉と介護の動向 2020/2021』。
杉本敏夫・柿木志津江編著（2016）『障害者福祉論』ミネルヴァ書房，87～91頁。
内閣府（2016）『平成28年版 障害者白書』。
内閣府（2020）『令和2年版 障害者白書』。
東田直樹（2007）『自閉症の僕が跳びはねる理由』エスコアール出版部。
山田富也（1999）『全身うごかず』中央法規出版。

学習課題

① 自分の住んでいる地域の医療的ケア児の施設や保育所等の受け入れについて調べてみよう。

② 自分の住んでいる地域で，ハローワークがどのような障害者就業支援を行っているか調べてみよう。

コラム　障害のある人の暮らし～実践からの経験

「障害」の捉え方は，人それぞれに違いがあると思う。過去には，「障害」による偏見や差別がたくさんあった。しかし，当事者のなかにこの身を置くと，まったく「障害」というものの考え方が変わった。この章を執筆していて，20年くらい前に聞いた言葉が思い出された。ある講演会で，施設長が「100人の健常者からみれば1人の自閉症の人は障害者と呼ばれるだろう。しかし，100人の自閉症の人から1人の私を見れば，私が障害者なのかもしれない」と語った言葉である。

私自身，重症心身障害者の指導員として働いていた頃，「どのようにしたら，この人たちの気持ち，痛みや苦しさを理解できるのだろうか」と考えていた。しかし，明確な答えは見つからず，今でも当時のことを思い出し考えることがある。

施設に勤務する日は，食事や入浴，排泄の介助に追われ，時にはおむつについた便を洗いながら（当時は布おむつ），「私は大学を出て，なんでこんな仕事しているのだろう……」とさまざまな思いが交錯することもあった。しかし，いくつもの施設を見学させていただいたことや，当事者の書いた本を読んだりしているうちに，「自分が選んだ仕事だから，わからないことがあっても一生懸命やろう」と思うようになった。その後，重い知的障害のある人や自閉性障害のある人の支援を行うようになり，自分の見方，考え方で一方的に相手の気持ちを判断しようとするのではなく，相手の表情や声を聴いて感情を理解するように努めた。

私の福祉の実践を振り返ると，不十分なことはたくさんあると思う。だからこそ，「『障害』のある人の支援に携わるということは，その人を理解しようとする姿勢をもち続けることであり，そして社会のなかでどのように暮らしているのかを知ることである」と伝えたい。

第11章

障害者と家族などに対する支援の実際

本章では，ソーシャルワークのグローバル定義からソーシャルワーカー（我が国では，社会福祉士，精神保健福祉士）の役割を学んでいく。人々のニーズや価値観，環境は多様化しており，障害福祉サービスなども人と社会の状況に応じて変化している。ゆえに，障害福祉サービスなどの利用に関する相談支援に専門性が高いソーシャルワーカーの働きが期待されている。地域相談支援，就労支援，居住支援の事例から支援の実際を学び，障害者領域のソーシャルワーカーに求められるスキルと知識，役割と課題を考え，さらにソーシャルワークについて理解を深めていく。

1　障害者領域における社会福祉士及び精神保健福祉士の役割

（1）ソーシャルワークの諸原理と任務

ソーシャルワークは社会福祉援助の専門職が行う活動であり，日本におけるソーシャルワークの国家資格は社会福祉士，精神保健福祉士である。社会福祉士の定義は，「社会福祉士及び介護福祉士法」第２条により，「専門的知識及び技術をもつて，身体上若しくは精神上の障害があること又は環境上の理由により日常生活を営むのに支障がある者の福祉に関する相談に応じ，助言，指導，福祉サービスを提供する者又は医師その他の保健医療サービスを提供する者その他の関係者との連絡及び調整その他の援助を行うことを業とする者」とされている。また，精神保健福祉士は，「精神保健福祉士法」第２条により，「精神障害者の保健及び福祉に関する専門的知識及び技術をもって，精神科病院その他の医療施設において精神障害の医療を受け，又は精神障害者の社会復帰の促進を図ることを目的とする施設を利用している者の地域相談支援の利用に関する相談その他の社会復帰に関する相談に応じ，助言，指導，日常生活への適応のために必要な訓練その他の援助を行うことを業とする者」と定義されている。

このように社会福祉士及び精神保健福祉士は，福祉関連の制度や法律だけでなく，障害に関する理解と障害者の日常生活にわたる知識と技術が必要である。「ソーシャルワーク専門職のグローバル定義」は，2014年７月に開催された国際ソーシャルワーカー連盟と国際ソーシャルワーク学校連盟の総会で採択された[(1)]。

ソーシャルワークは，社会変革と社会開発，社会的結束，および人々のエンパワメントと解放を促進する，実践に基づいた専門職であり学問である。社会正義，人権，集団的責任，および多様性尊重の諸原理は，ソーシャルワークの中核をなす。ソーシャルワークの理論，社会科学，人文学，および地域・民族固有の知を基盤として，ソーシャルワークは，生活課題に取り組みウェルビーイングを高めるよう，人々やさまざまな構造に働きかける。

この定義は，各国および世界の各地域で展開してもよい。

ソーシャルワークの中核をなす原理は，社会正義，人権，集団的責任及び多様性尊重であり，これらは，ソーシャルワークを動機づけ，正当化するものである。

社会正義は，社会的に不公平がなく，人々の扱いは道理にかなったものでなければならないという考え方である。ソーシャルワークは障害者が障害を理由に社会から差別や搾取，暴力など不公正な扱いを受けている状態から解放するために実践する。

人権はだれもが当然に有する権利であり，不可侵性，普遍性をもっている。これは日本国憲法にも規定されている。そのため，憲法上は，障害者も当然人権が保障されている。しかし，過去には，ハンセン病者など身体に傷や欠損のある者は，異常な者，けがれているとして，家のなかに閉じ込められたり，町外れに追い出されたり，隔離した生活を過ごさなければならなかった。また，中世ヨーロッパでは，精神疾患に関する誤認により魔女狩りで烙印を押され処刑された記録もある。

今日の国際社会において，障害者の人権と尊厳の尊重を促進することが重要な課題として認識されている。2006年12月13日に開かれた第61回国際連合総会において，障害者の権利に関する条約（障害者権利条約）が採択され，日本は2014（平成26）年に批准した。国内では2013（平成25）年６月に「障害を理由とする差別の解消の推進に関する法律」（障害者差別解消法）が成立・公布され，合理的配慮など社会のシステムの整備やサービスの創出に努めている。しかし，障害者やその家族などに対する差別は今も存在している。障害者領域のソーシャルワーカーは，障害者の居住の自由を含め，教育，就労の自由と権利などを保障するために実践し，個々の成果を社会に反映していくことに努める。ひいては，社会のなかでの人々の助け合いを促進し，だれにとっても住みやすい社会をつくりあげる方向へ働きかけることが求められている。

ソーシャルワーカーには，前述の諸原理に基づき，社会変革，社会開発，社会的結束，人々のエンパワメントと解放の任務があげられている。障害者領域のソーシャルワーカーは，障害者やその家族のウェルビーイングの向上に向けて，人々や環境の相互依存を認識することが重要である。社会的排除や抑圧の原因となる構造的な条件が個人，小集団，社会のどのレベルであれ，変革と開発を必要とするとみなされるとき，介入することである。加えて，障害を理由に排除されることのない包摂的な社会をつくり，結束を固めていくことをめざす。これらの取り組みを通して，障害者が社会的抑圧から解放され，自己効力感を高めていくことができるように支援する。また，本来享受すべき社会資源を活用し，尊厳ある生活を送れるようにする。

これらのソーシャルワーカーの使命を果たすためには，ソーシャルワークの理論，社会科学，人文学及び地域・民族固有の知を基盤にしていくことが求められる。ソーシャルワーカーは社会の変化とともに多様化するニーズと新たな問題に適応した業務や役割を行うために幅広い知識を取得していく必要がある。障害者領域のソーシャルワーカーの援助対象は，障害者やその家族だけではなく，かかわる人々，組織，地域，社会までと幅広い。これらは社会の変化の影響を受けており，援助の範囲や課題，ニーズはさまざまである。個人がもっている価値観や背景，文化を尊重しつつ，社会の状況から課題を理解し，支援と対応を考えることができるように知識を積み重ねて共有していくことが望ましい。

厚生労働省は2017（平成29）年に「ソーシャルワークに対する期待について」において，「複合的課題を抱える事例に対して，分野横断的に支援を必要とする人々を取り巻く環境や地域社会に働きかけ，多様な社会資源を活用・開発していくソーシャルワークの機能がますます必要になってきている」と示し，包括的な相談支援体制の構築，住民が主体的に地域課題を把握して解決を試みる体制の構築を求めている。2018（平成30）年の「ソーシャルワーク専門職である社会福祉士に求められる役割等について」では，社会福祉士が担う今後の主な役割として，人々がさまざまな生活課題を抱えながらも住み慣れた地域で自分らしく暮らしていけるよう，地域の住民や多様な主体が支えあい，住民一人ひとりの暮らしと生きがい，そして，地域を共に創っていく「地域共生社会」の実現に向けて，①複合化・複雑化した課題を受け止める多機関の協働による包括的な相談支援体制の構築，②地域住民等が主体的に地域課題を把握して解決を試みる体制の構築を進めていくことが求められており，それらを推進していくにあたっては，社会福祉士がソーシャルワークの機能を発揮することが期待されている。障害者領域のソーシャルワーカーも障害者，その個人及びその世帯が抱える課題への支援を中心として，分野横断的・業種横断的な関係者との関係形成や協働体制を構築することが求められている。具体的には，人と地域がもっている強みを発見して活用していくため，コーディネーションや連携，ファシリテーション，プレゼンテーション，ネゴシエーション（交渉），社会資源開発・社会開発などを行うとともに，地域のなかで中核的な役割を担える能力を備えることが期待される。

（2）ソーシャルワーカーと障害者に対する相談支援

従来，障害児・者への相談支援は予算事業として実施されていたが，2005

(平成17) 年に制定された「障害者自立支援法」第77条第1項第1号に基づき，市町村が実施する地域生活支援事業の必須事業として位置づけられた。それとともに，指定相談支援事業者によるサービス等利用計画策定などの支援（いわゆるケアマネジメント）も同法第32条により位置づけられた。また，2010（平成22）年に「障がい者制度改革推進本部等における検討を踏まえて障害保健福祉施策を見直すまでの間において障害者等の地域生活を支援するための関係法律の整備に関する法律」が制定され，障害者自立支援法に基幹相談支援センター及び（自立支援）協議会が位置づけられた。同法第22条に規定する支給要否決定等のプロセスにおいて，原則として相談支援専門員が作成するサービス等利用計画案の提出が求められることとなった。さらに2015（平成27）年4月からは，すべての障害福祉サービス及び障害児通所支援の利用申請について，サービス等利用計画または障害児支援利用計画を作成することとなり，原則としてすべての障害児・者に専門的な相談支援が実施されることとなった。

「障害者の日常生活及び社会生活を総合的に支援するための法律」(障害者総合支援法）の第1条の2「基本理念」では「全ての障害者及び障害児が可能な限りその身近な場所において必要な日常生活又は社会生活を営むための支援を受けられることにより社会参加の機会が確保されること及びどこで誰と生活するかについての選択の機会が確保され」ることが規定された。第5条には障害福祉サービスが規定されており，サービスの対象や内容により多様化，細分化されている。

個人でそれぞれのサービスに関する情報を収集し，そのなかから必要なサービスを選択し，契約と利用に至るまでに困難を抱える障害者もいる。ゆえに，障害者の身近なところで相談支援を実施するための体制が整備された。現行の相談支援体制は，市町村を中心に相談支援の機能と役割によって大きく5つに区分しているが，地域の状況に応じて柔軟な事業形態をとれることとなっている。第一に，障害福祉サービス等の利用計画を作成する計画相談支援・障害児相談支援である。障害児・者の課題の解決や適切なサービス利用に向けて，ケアマネジメントにより支援するものである。指定特定相談支援事業者及び指定障害児相談支援事業者が担うものである。第二に，地域生活への移行に向けた支援として地域移行支援・地域定着支援である。地域移行支援は入所施設や精神科病院等から退所・退院する障害者と相談しながら，居住の場の確保や地域移行に向けた支援を行うことである。地域定着支援は，地域生活が不安定な者等に対し，地域生活を継続していくための支援を行うことである。指定一般相談支援事業者で行っている。第三に，一般的な相談に対応する障害者相談支援事業である。市町村の地域生活支援事業（必須事業）として位置づけられ，すべての市町村で実施されている。本事業は指定特定相談支援事業者等に委託可能である。障害者等から生活や福祉に関するさまざまな相談に応じ，サービス利用の支援や情報の提供を行う。このような福祉課題について効果的な相談支援事業が行われるように，（自立支援）協議会を設置し，地域の関係機関の連携を強化し，必要な社会資源の開発・改善を推進している。第四に，一般住宅に入居して生活したい場合の住宅入居等支援事業（居住サポート事業）である。障害者が賃貸住宅へ入居を希望しても，保証人の問題等により入居が困難な場合に手続きにおける支援やサポート体制を調整し，地域生活を支援する。第五に，障害者本人で障害福祉サービスの利用契約等ができない場合の成年後見制度利用支援事業である。福祉サービスを利用する際にはサービス利用契約の締結等の手続きを行う。障害者のうち判断能力が不十分な人について，サービス利用契約等が適切に行われるように成年後見制度の利用促進を図る。この相談支援事業に関しては地域における相談支援の中核的な役割を担う基幹相談支援センターで行われる。

障害者が自分らしい生活を営むために必要なサービスを選び，適切に利用しながら自立した生活を支えるためには，相談支援専門員の質を向上し続けていく必要がある。

（3）障害者領域のソーシャルワーカーの現状と今後の期待

全国の社会福祉士の資格登録者数は，2022（令和4）年9月末日現在で27万1098人であり，精神保健福祉士の資格登録者数は，同じ時点で9万8949人である[(2)]。ソーシャルワーカーの主な配置先としては，病院（精神科病院，一般病院），診療所，障害者支援施設，障害福祉サービス事業所等，行政機関，地域福祉関係，司法関係等である。

公益財団法人社会福祉振興・試験センターが実施した「令和２年度　社会福祉士・介護福祉士・精神保健福祉士就労状況調査結果[(3)]」から就労している施設等の状況をみると，社会福祉士の資格を所持している回答者のうちでは，障害者福祉関係[(4)]が１万3678人，障害児福祉関係[(5)]が1864人，医療関係が１万1727人，障害者職業センターや障害者就業・生活支援センターが259人である（図11－1）。精神保健福祉士の資格を所持している回答者においては，就労先は障害者福祉関係が7459人，障害児福祉関係が508人，医療関係が7128人，障害者職業センターや障害者就業・生活支援センターが195人である（図11－3）。

障害福祉サービス等に従事している社会福祉士，精神保健福祉士は，障害者の生活を支援する事業に多岐にかかわっており，障害児者やその家族にとって身近な相談者である。

厚生労働省により2016（平成28）年３月から９回にわたって実施された「相談支援の質の向上に向けた検討会」では，相談支援専門員の役割について「障害児者の自立の促進と障害者総合支援法の理念である共生社会の実現に向けて取り組むことが望まれている」として，相談支援専門員がソーシャルワークの担い手として位置づけられた。続いて，相談支援専門員が業務を遂行するためのスキルと知識を高めることが求められた。その必要な専門的能力は，「サービス等利用計画作成を中心としたアセスメント及びプラン作成能力に加えた，他職種との連携・調整する力，チームアプローチのためのネットワーク形成力，利用者の主体性を引き出す力」と示している。「相談支援専門員が基本相談支援を実施する能力を基盤に適切なサービス等利用計画案を作成できる能力を身につけ，さらに高めていくなど，計画相談支援の質の向上を図る」ことが求められている。2019（平成31）年，この検討会のとりまとめ資料のなかには，相談支援の基本的視点（障害児者支援の基本的視点）として，本人中心支援，エンパワメント支援，意思決定支援，セルフプラン支援の基本相談を強調すべきであることに加え，当事者のリカバリーの視点，障害の有無にかかわらず平等に生きられる社会をめざすために社会モデルや社会的障壁の除去等の重要性，障

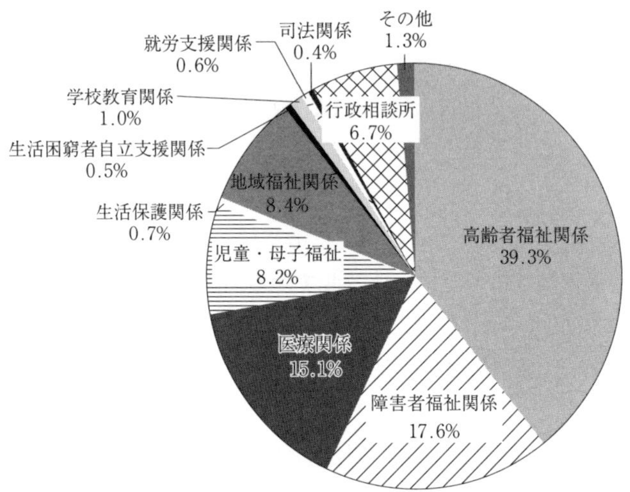

図 11－1　現在，福祉・介護・医療の分野で就労している
社会福祉士の状況（分野）（N＝77,576）

注：無回答の人数・割合は記載を省略しているため，合計は100％とはならない。
出所：社会福祉振興・試験センター「令和２年度　社会福祉士・介護福祉士・精神保健福祉士就労状況調査結果」より筆者作成。

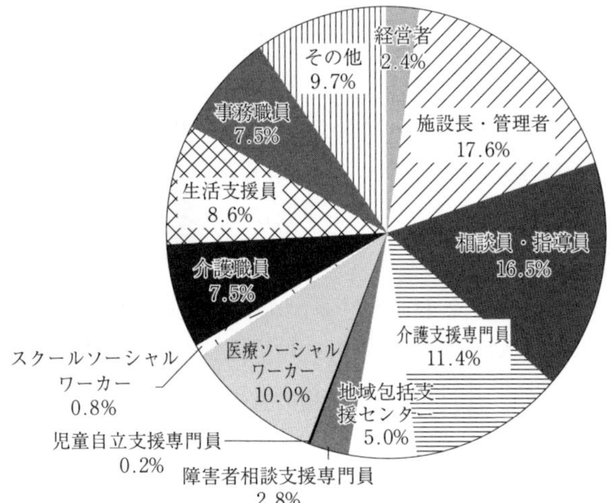

図 11－2　現在，福祉・介護・医療の分野で就労している
社会福祉士の状況（職種・職位）（N＝77,576）

注：無回答の人数・割合は記載を省略しているため，合計は100％とはならない。
出所：図 11－1 と同じ。

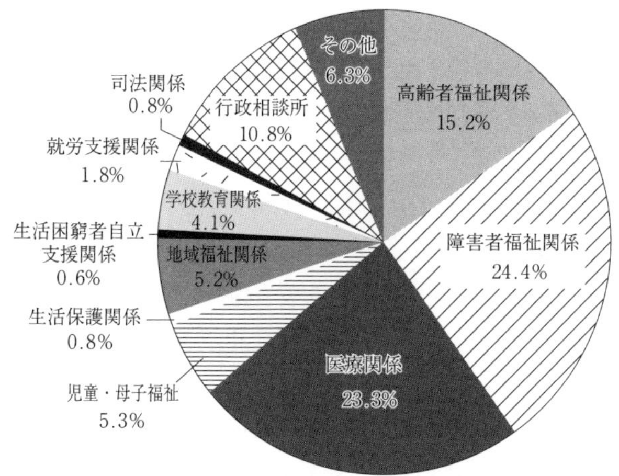

図11－3　精神保健福祉士の就労している分野（N＝30,558）

注：無回答の人数・割合は記載を省略しているため，合計は100%とはならない。
出所：図11－1と同じ。

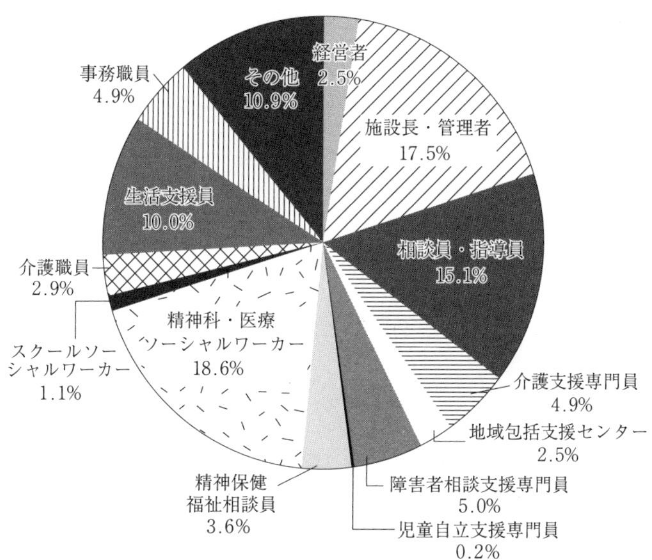

図11－4　現在，福祉・介護・医療の分野で就労している
精神保健福祉士の状況（職種・職位）（N＝26,744）

注：無回答の人数・割合は記載を省略しているため，合計は100%とはならない。
出所：図11－1と同じ。

害の社会モデルについて強調すべきであると明記している。続いて，障害者への支援は当事者を取り巻く関係性により大きな影響を受けることと，家族支援の重要性，発達過程にある児童期の支援の重要性について盛り込むべきであるとまとめている。また，意思決定支援については，意思形成と意思表明の要素が含まれることを明確にし，本人がもつ言語的手段やその背景についての理解の視点を加えるべきであると強調している。2012（平成24）年に公布された「地域社会における共生の実現に向けて新たな障害保健福祉施策を講ずるための関係法律の整備に関する法律」においても，指定相談支援事業者等は障害者等の意思決定の支援に配慮することが求められている。

障害者はそれぞれの障害の状態や置かれた状況などが異なる。ニーズは個別性が高く，支援内容や方法も多様である。そして，ニーズ把握，プランの提示，モニタリングなど相談支援のプロセスにおいて，意思決定支援はきわめて重要である。

障害者領域のソーシャルワーカーは，障害者の選択の機会を確保し，個々の意思や自己決定を尊重する姿勢を保つように努めなければならない。さらに将来的には，障害者福祉に関する専門的知識や援助技術の習得のみならず，増加することが見込まれる高齢の障害者に対する支援にあたっての介護支援専門員などとの連携や社会経済，雇用情勢など幅広い見識や判断能力を有する地域を基盤としたソーシャルワーカーとして活躍することが期待される。

2　障害者と家族などに対する支援の実際

ソーシャルワーカーは，ソーシャルワークの原理，理念，倫理を基盤に，基礎的面接技法及びコミュニケーション技法，コミュニティワークや地域マネジメントの知識，連携技術などの知識と技術を活用し支援を展開している。本節では，事例を通じて，社会経済状況や生活者としてのニーズの多様化をふまえ，本人のニーズや生育歴を適切に把握することと地域との関係性，エンパワメントなどの観点からきめ細かい支援を展開していく障害者領域のソーシャルワーカーの支援の実際を学ぶ。

（1）地域相談支援

事例：Aさん　40代（女性）

- 障害：知的障害，療育手帳B1級
- 家族：夫（50代），息子（20代）。Aさんの母は要介護，兄（独身）が母と同居している。

〈Aさんの状況〉

Aさんは夫，専門学校に通っている息子と同居しながら，日中は就労継続支援B型事業所に通所している。

夫は足が悪く，家の外では杖を持って歩く。Aさんの障害については理解できておらず，Aさんに対して厳しく，指示的な口調になっている。Aさんと息子の関係は良好である。Aさんは息子の成長を喜んでいて，「息子が専門学校を卒業したら家族で温泉旅行に行くのが今の夢」と言う。

Aさんの日課は，6時に起床し，7時に朝食，9時には事業所に着く。15時半に事業所を出る。帰宅前に相談支援事業所のフリースペースでコーヒーを飲んで帰ることが生きがいである。その後，スーパーで夕食の買い物をして帰宅する。事業所の利用者同士の関係は良好であり，交流もある。

Aさんは相談支援事業所に来所したときにも職員とよく話をするが，家に帰ってからも「雑談したい」と何度も電話相談の音を鳴らす。B相談支援専門員はAさんと対話を重ねるなかで，Aさんは，妻として母として，また娘としての自分の役割が上手にできないことにストレスを感じていることに気づいた。本人は「料理は好きだけど家の片づけはあまりできない」と言い，家事に関する責任感や負担を感じている。「夫が怖い」「夫と話したくない」と言いながらも夫の健康を心配している。体調が悪いときは，幻聴を訴えることもあり，家のことは何もできなくなる。抗不安薬と睡眠導入剤を内服しているが飲み忘れる日もある。精神科クリニックには月に1回通院している。

〈支援〉

相談支援事業所の担当のB相談支援専門員とAさんは，サービス等利用計画のモニタリングを行い，家族旅行の実現に向けての支援について話した。サービス担当者会議の参加者は，Aさん，B相談支援専門員，保健師，就労支援員，居宅介護サービス提供事業者であった。サービス等利用計画は，Aさんの家族全体を含めて支援することを方針として，課題としてあげられた夫の健康管理とAさんへの理解，Aさんの健康管理と家事の負担の軽減に関して支援目標と達成時期，サービス提供事業者の役割分担が行われた。

夫の健康面に関しては，市の保健師から夫に医療機関への受診を促すことからはじめた。Aさんの健康面に関しては，B相談支援専門員が精神科クリニックを訪ね，主治医と看護師に相談を行った。Aさんに本人の病気や薬の作用・副作用などについて理解できるように説明し，服薬管理など，本人を含めて支援者間で状況を共有することにした。

B相談支援専門員はAさんの家族と話しあう機会を設けて，Aさんの障害について説明し，家族のなかでお互いに助けあえる方法を考えた。家事の負担軽減に関しては，居宅介護と地域定着支援について説明し，利用することにした。Aさんは「ホームヘルパーのおかげで家がきれいになった。掃除の仕方も教えてもらった」と喜んだ。その後，家族内で家族旅行計画が具体的に話され，自然と夕食時間は旅行の話で盛り上がっていたようで，電話相談の利用頻度も以前より減り，毎日，夕食の時間が楽しくなったと話した。

Aさんには中度の知的障害があり，言動に関して他人から理解されにくい場合が多い。夫もAさんに知的障害があることは知っていたが，具体的に生活面でどのような部分に困っているのかまでは理解できていなかった。相談支援専門員は，本人ができないことや課題を見つけてもすぐに解決しようとせず，本人と十分に話しあい，本人の希望や望む生活が何かを見つけることからはじめた。それが実現できるために，本人が困っている部分は何か，どのような支援があれば希望に近づけることができるのかなど，本人と話しあいながら決めていく過程が重要である。相談支援専門員は本人の目標に向けて多方面から検討し，チームで支援する。本人もチームの一員という所属感により，自分の役割を意識し，主体的に取り組むことができる。

（2）就労支援

事例：Cさん　20代（男性）

- 障害：頸髄損傷(6)（C6）による四肢体幹機能障害，身体障害者手帳1級
- 学歴：県立工業高校建築科を卒業
- 職歴：建設会社で5か月勤務。けがにより退職。
- 家族：母（50代），弟（10代）。家族仲はよい。母親は食堂を経営しており，弟は高校生である。

〈経緯〉

Cさんは，地元の県立工業高校を卒業し，近県の建設会社に就職した。休日に実

家に向かう途中に交通事故に遭い，Ｃさんは頸髄（C6）を損傷した。Ｃさんが就職して５か月のときであった。救急搬送された病院で手術を受け，実家の近くの病院に転院した。Ｃさんは，会社を退職し，数か月間は落胆している様子がみられた。しかし，家族や周囲の人々の支えにより病院のリハビリにも参加するようになり，徐々に前向きになっていった。Ｃさんの退院が検討されるようになり，Ｃさんと家族は病院のソーシャルワーカーと面談をした。Ｃさんは仕事をしたいという思いはあるが，不可能であると諦めていた。病院のＤソーシャルワーカーは，退院して仕事をしている障害者団体を紹介した。Ｃさんは，面談で障害者のリハビリテーション施設を知り，退院後の利用を希望した。その後，市の指定特定相談支援事業所のＥ相談支援専門員を含めて退院支援会議が開かれ，利用調整が進められた。Ｃさんは，障害者のリハビリテーション施設に入所し，同じ敷地内にある職業訓練を受講することになった。

〈利用開始と経過〉

利用開始には，各担当部門で面接とアセスメントを行った。就労支援ではＣさんや家族とも相談しながら前職場の経験を活かした職探しとその仕事に必要な資格を取得することをめざすことにした。担当のＦ就労支援員はＣさんと支援計画を作成し，Ｃさんは理学療法訓練と作業療法訓練，スポーツ訓練とパソコン関係の職能訓練に取り組みはじめた。

Ｃさんの身体状況は，手のひらを下に向けた状態で手首を上に返すことができる。手のひらを上にした状態で肘を曲げることや肘を顔の高さまで上げることも可能である。指先はわずかに動くが指先を伸ばしたり物を握ったりすることはできない。下肢は完全麻痺である。

日常生活においては，自動・手動の車椅子の操作や５cm の段差を超えることは可能である。車椅子からベッドや自動車へ移乗することができ，車椅子での下着の着脱，高床式トイレの使用，高床式浴室での入浴・シャワー浴など，環境が整えば自立して行えることが多くなった。

就労に向けては，自助具を利用したパソコン操作が可能になり，パソコン検定などの資格取得をめざしていた。就労支援員と生活支援員は情報交換しながら就労準備に向けて健康管理や生活リズムの管理などを行っていた。

３か月ごとに開かれる支援調整会議では，Ｃさんの機能と職業訓練の進捗状況を確認し，Ｃさんの目標である就労に向けて多方面的な支援を進めていた。Ｃさんは２級建築施工管理技術検定資格，建築 CAD 検定２級の資格を取得し，これらを活かしてハローワークからの紹介で建築会社に応募したが，すぐには就職につながらなかった。日が経つと焦りと不安で感情の揺れもあった。しかし，支援者や同僚の支えを受け，障害者就職面接会に参加した。そこで知ったある建築会社の特例子会社の試験に合格し，CAD オペレーターとして採用された。

現在は退所後に会社のバリアフリー社宅で単身生活をすることを検討している。Cさんの仕事と生活が両立し，安定した生活が送れるよう，F就労支援員はCさんと同行し，職場の担当者と情報交換しながら職場環境の微調整を行った。Cさんの外泊日は社宅で宿泊体験をし，生活するのに適切な環境であるかどうか，不都合がないかどうかなどの最終確認を行い，指定特定相談支援事業所のE相談支援専門員とサービス等利用計画を作成している。Cさんは，将来，ピア活動として福祉住環境コーディネーターの資格を取得し，社会に貢献したいという新しい目標ももつようになった。

頸髄損傷（C6）による四肢体幹機能障害は，頸部，胸部，腹部及び腰部の機能障害により体位の保持などに困難を抱える。下肢の体重支持の機能障害により歩行での移動が困難となり，生活範囲の狭小化を招くことにもつながる。上肢の道具操作の機能障害により，特に食事，更衣などの日常生活に関連する動作が困難であるため，だれかの介助なしには生活できないことへの不安を抱えやすい。このような機能障害の不便さや不安を緩和または取り除くために，適切な補助具や支援機器，福祉サービスを利用することで障害があっても本人が望む生活を営むことができる。

Cさんは20代であり，これからも社会で活躍することが期待される年齢である。Cさんは今まで普通にできたことが突然できなくなったことやこれからの生き方の変化に不安と焦りを感じていた。病院，施設，職場，地域に存在するソーシャルワーカーは，困難な状況で揺れ動くCさんの感情に共感し，相談しながら必要な支援を行った。そして，本人の希望とストレングスを最大に活かし，就労につなげることができた。現在では，IT を利用した在宅勤務も普遍化しているが，Cさんのこれからを考え，人とのかかわりの機会も増やしていく支援も考える必要がある。

就労支援は，安定した生活が基盤である。ゆえに，家族，居宅介護の担当者，訪問リハビリテーションの担当者，補助具や補助機器を扱う事業者，会社の担当者，地域相談支援の担当者などと協力し支援体制を構築しながら利用者の社会参加に向けた総合的支援を行っている。そのなかでソーシャルワーカーは，人と人，人と地域資源につなぐ，コーディネーターとしての役割が期待されている。

（3）居住支援

事例：Gさん　50代（女性）

・障害：精神障害（統合失調症），精神障害者保健福祉手帳1級

〈経緯〉

Gさんの家族は兄ひとりである。Gさんが高校生の頃，父は母の浮気を疑い母と毎日喧嘩をしていた。兄は家出をした。Gさんは学校でいじめられていて，家族の不幸も自分の不幸が移ったからだと思っていた。Gさんが高校を卒業する頃，父の飲酒や暴力をふるう頻度が高まり，母は家から逃げ出して行方不明となった。父は母がいなくなったことを知り，自殺した。Gさんは家にひきこもり，毎日，テレビばかり見ていた。ある日，Gさんが裸で「離れろ」と叫びながら町を走っているのを近所の人が通報し，Gさんは警察に保護された。診察の結果，統合失調症と診断され，兄の同意による医療保護入院となった。Gさんが20歳のときであった。それ以降，兄からの面会や連絡はなく，30年間以上，精神科病院に入院しており，病院に住民票のある生活保護受給者になった。

他県の精神科病院のソーシャルワーカーであったH精神保健福祉士は退院後生活環境相談員としてGさんを担当するようになった。H相談員は入院歴が長いGさんに退院の意向を聞いてみたが，Gさんは「今のままがいい」と答えていた。今までもGさんは退院の意思がないと判断され退院支援は取り組まれなかった。Gさんと話を重ねるうち，テレビを見ていたときに「私も女優になりたかった」という言葉があった。病院の医療関係者はこの語りについて深く考えていなかった。H相談員はGさんの語りが鍵であると考え，退院支援の検討を訴えた。

〈退院に向けての支援〉

退院支援委員会でGさんの退院支援が検討された。H相談員はGさんの語りを尊重し，信頼関係の形成に努めた。また，市内の相談支援事業所のⅠ相談支援専門員（精神保健福祉士）も早速，病院に出向き，Gさんと会った。Gさんは「退院するのは怖い」と答えた。Ⅰ相談支援専門員はH相談員にGさんを含めて他の入院患者にも退院意欲の喚起を図り，退院後の生活をイメージしてもらえるように，ピアサポーターの定期的な訪問を提案した。病院のなかで審議され，ピアサポーターの訪問を依頼するようになった。ピアサポーターと話したGさんは「私もできるかな」と言うようになった。

H相談員は，Gさんと話し合い，ケア会議を開催した。本人を含めてH相談員，主治医，看護師，Ⅰ相談支援専門員が参加した。そしてGさんの地域移行支援による退院支援が正式に決定された。地域移行支援計画では，病棟の看護師，介護士，作業療法士などがかかわり，生活リズムと体調管理，お金の管理を支援することに

した。

しかし，Gさんは退院することを考えると不安になり，眠れないときもあった。I相談支援専門員は，Gさんに地域活動支援センターの演劇クラブの活動を紹介した。演劇クラブの活動を収録した映像を見せると，Gさんも興味を示した。Gさんはピアサポーターと院外外出をし，市民センターで開催される演劇クラブの公演にも行った。

I相談支援専門員はGさんと定期的に面接を行いながらサービス等利用計画を作成した。Gさんの長期目標は演劇の舞台に立つことである。退院後は自立訓練事業所に入所し，お金や食事の管理など自立に向けて訓練を受けることにした。自立訓練事業所のJサービス管理責任者はGさんの希望をもとに個別支援計画を作成した。健康面では週1回の通院と訪問看護を利用し健康と体調を悪化させないことを目標とした。

退院後，Gさんと定期的にモニタリングを行いながら地域生活の定着をめざした。Gさんの生活が安定し，演劇クラブの仲間と交流が増えていった。その頃，Gさんから「家でも一緒にセリフの練習ができるように一人暮らしをしたい。でも，保証人がいないと……物件を貸してくれないよね」と事業所の支援員に相談があった。その連絡を受けたI相談支援専門員はCさんに市で取り組みはじめている居住サポート事業を紹介し，利用することを勧めた。

現在は，無事に物件探しや契約まででき，居宅介護と自立生活援助事業を組み合わせながら一人暮らしをはじめている。また，継続的に地域活動支援センターの演劇クラブに参加し，女優として舞台に立つことを楽しみにしている。

Gさんのように地域に戻るところがなく，精神科病院に長く入院している人が多くいる。これを社会的入院といい，社会的問題として指摘されてきた。2013（平成25）年に改正された「精神保健及び精神障害者福祉に関する法律」（精神保健福祉法）では，医療保護入院者の見直しが行われた。本人の同意なく行われた入院であるため，精神科病院の管理者に，医療保護入院者の退院後の生活環境に関する相談及び指導を行う者（精神保健福祉士など）の設置，地域援助事業者（入院者本人や家族からの相談に応じ必要な情報提供などを行う相談支援事業者など）との連携，退院促進のための体制整備（退院支援委員会の設置）が義務づけられた。

医療保護入院者の定期病状報告書に「退院に向けた取り組みの状況」の項目が新設され，「退院後生活環境相談員」が記載することが望ましいとされている。退院後生活環境相談員は，権利擁護の視点をもち，新たな長期入院の防止と社会的・長期入院者の退院支援の中心的な役割を担っている。

上記改正は，翌年4月1日から施行されており，Gさんのようにそれ以前の医療保護入院者に対しては必須ではない。Gさんも退院支援を拒否していることから支援の対象としては後回しになっていた。しかし，H相談員はGさんの語りからヒントを得て，現行の体制を積極的に活用し，関係機関と連携し，Gさんの希望のある生活と一人暮らしまでつなぐことができた。

居住支援においては，まず住む場が必要であり，そのためには家主や地域住民などの理解を得ることが重要である。一人暮らしを希望していても保証人がいないために賃貸契約が困難な人が多く存在する。このような状況を受け，近年，居住支援の新たな取り組みとして居住サポート事業（住宅入居等支援事業）とあんしん賃貸支援事業の連携が展開されている。居住サポート事業は，障害者総合支援法に基づく市町村地域生活支援事業のひとつである。保証人の不在や高齢の単身者などの理由で賃貸契約が困難な者に対して，入居に必要な手続きや調整，24時間支援の緊急時対応を行う。Gさんの事例では，居住地域に居住サポート事業が実施されていたが，全国的にみると実施されている地域は少ない。地域移行支援・地域定着支援や障害者の高齢化が進むなか，住居確保のための取り組みはますます必要とされることが予想される。

加えて，Gさんが並行して利用する自立生活援助サービスは，2018（平成30）年の障害者総合支援法改正により創設された事業である。Gさんのように障害者支援施設やグループホーム等から地域での一人暮らしに移行した人を対象に，本人の意向を尊重した地域生活を支援するために，定期的な居宅訪問等により当人の状況を把握し，必要な情報提供等の支援を行うサービスである。

Gさんの事例は，既存の制度や政策から障害者のニーズを反映し改正または創設されたサービスを活用して支援したこと，ピアサポーターのように専門家だけでなく当事者と取り組んでいたことが特徴である。ソーシャルワーカーは福祉の動向や新たな取り組みを的確に把握し，支援に活用する専門性をもつように努めなければならない。一方では，地域に存在する社会資源を見つけ出し，必要な施策や体制づくりに働きかけていくことも期待される。それに，ソーシャルワーカーは障害者とともに普段の活動から福祉サービス事業所の普及啓発や地域貢献などを通じて，地域住民と交流し，信頼を得ることも欠かせない。

注

(1) 2014年7月に開催された国際ソーシャルワーカー連盟と国際ソーシャルワーク学校連盟の総会。

(2) 社会福祉振興・試験センター「社会福祉士・介護福祉士・精神保健福祉士の都道府県別登録者数・最新版」(2022年9月末現在)(https://www.sssc.or.jp/touroku/pdf/pdf_tourokusya_month_r405.pdf　2022年11月1日閲覧)。

(3) 社会福祉振興・試験センター「社会福祉士・介護福祉士・精神保健福祉士の『就労状況調査』(速報版) について」(2021年7月9日) (http://www.sssc.or.jp/touroku/results/pdf/r2/results_r2_sokuhou.pdf　2022年3月30日閲覧)。

(4) 障害者福祉関係には，身体障害者更生相談所，知的障害者更生相談所，障害者支援施設，基幹相談支援センター，相談支援事業所，就労支援事業所，その他の障害者福祉関係の施設及び機関が含まれる。

(5) 障害児福祉関係には，障害児施設 (入所・通所)，障害児相談支援事業所が含まれる。

(6) 脊椎は頚椎7個 (C1-7)，胸椎12個 (T1-12)，腰椎5個 (S1-5) の椎骨から構成される。脊損は，損傷の位置と程度によって障害の状態が異なる。

参考文献

国土交通省 (2017)「居住支援協議会の取り組みについて」(https://kouseikyoku.mhlw.go.jp/kantoshinetsu/houkatsu/documents/dai3kaisiryou5.pdf　2022年3月30日閲覧)。

国土交通省「住宅セーフティネット制度について」(https://www.mlit.go.jp/jutakukentiku/house/jutakukentiku_house_tk3_000055.html　2022年3月30日閲覧)。

全国脊髄損傷者連合会「脊髄損傷患者のための社会参加ガイドブック Together8「就労」。

中村陸男ほか編著 (2017)『世界の人権保障』三省堂。

日本社会福祉士会編 (2022)『三訂社会福祉士の倫理』中央法規出版。

学習課題

① 自分の住んでいる市区町村の障害者数と就労状況について調べてみよう。

② ソーシャルワーカーの質の向上のために日本社会福祉士会，日本精神保健福祉士協会が実施している研修の内容，対象，目的について調べてみよう。

③ 今後，国がめざす障害福祉の方向性について調べ，そのうえでソーシャルワーカーとして求められる相談支援専門員像について考えをまとめてみよう。

コラム 「しあわせ」方程式について私が懸念していること

最近,「幸せになる方法」「これをやれば貴方は幸せになる」のようなタイトルの記事や動画をよく見る。人々の幸せへの関心を感じられる。しかし，これらを見て私が懸念することがある。

まず，幸せへの努力の強調である。「私が変われば」「努力すれば」と義務感すら感じさせる。学者のなかでは，昔の人の幸せの捉え方は異なったといわれる。当時は病気，飢餓，自然災害，暴力や戦争など無秩序のなかで，いつも死と苦しみを抱えていた。その時代の人々にとっての幸せの意味は，予想できない苦痛の環境のなかで運良く生き残れたことであったという。つまり，私が努力して得るという考えよりは，ある人にとっては神の恩恵，あるいは，良い運が与えられて，幸せになるという考えである。その根拠のひとつとして，幸せを表す用語の語源が世界に共通していることをあげている。西欧文明の起源である古代ギリシアでは「エウ（よき）ダイモニアー（神霊の祝福)」が幸福に相当する語として用いられている。英語の「Happy」の「happ」は「偶然に起きる」という意味であり,「happen」という動詞と同じ起源をもつ。日本語の辞書には「幸せ，仕合せ，倖せ」と表記がある。「運がよい，幸運，幸福」と「めぐりあわせ」と定義されている。つまり,「運良く与えられる」「努力によって得られる」という，２つの側面が含まれている。

次に，幸せを個人的なものとして考えることである。個人の幸せを否定する意味ではない。少し大きい社会の課題，人権侵害，不平等な待遇を受けている人，このようなものには，目を背けてもよいのかということである。

今でも世界中に，私たちの社会のどこかには苦痛のなかにいる人がいる。ソーシャルワーカーが出会う人のなかには自分の幸せすら考えられない，非常に劣悪な状況に置かれている人がいる。そのような人に「あなたは努力をしていなかったから」といえるだろうか。「努力すれば，変えられる」といえるのはそのような状況が整っているからである。「頑張って」「努力すればできる」というのは私たちの基準からその人を見ているからかもしれない。このような言葉はその人々の心に暴力をふるう可能性があることを一度考えてほしい。

参考文献：金山弥平（2013)「ギリシア哲学における幸福」『心理学ワールド』60，17～20頁。

エピローグ

これからの障害者福祉と課題

障害者福祉施策は，世界各国，障害者権利条約を主軸として，障害者の社会参加と平等の実現をめざして取り組んでいる。まず，障害者権利条約の実施状況に関する初回審査における報告書を通して，日本の障害者福祉施策の課題を学ぶ。そして本章を通して，共生社会を実現していくために，日本の障害観や私たちの未来についても考えてもらいたい。

（1）障害者権利条約に基づく日本の課題

2006（平成18）年に，障害者権利条約が国連総会にて採択された。この条約は183の国と地域で締約されており（2021（令和3）年8月），批准した国は条約の実施状況について報告する義務がある（障害者権利条約第35条）。日本は2014（平成26）年に批准し，実施状況に関する初回審査の時期にきている[(1)]。

日本障害フォーラム（JDF）は最重要10課題と重要8課題をあげ，報告書を作成しているが，ここでは，10の最重要課題を中心に，日本における障害者福祉施策で取り組んでいかなければならない課題を提示する[(2)]。

① 障害者権利条約ではあらゆる領域において，手話言語の利用権利を保障しているが，手話言語の使える環境がいまだ整っていないこと（障害者権利条約第1条から第4条に対して）

② 障害女性に対する差別や性被害の実態把握・救済措置がなされていないこと，法律上の差別禁止の明記がないこと，政策や意思決定機関への参画が不十分であること，関係機関職員への研修の必要性，エンパワメントされていないこと（障害者権利条約第6条に対して）

③ 成年後見制度の代理決定を廃止し，支援付き意思決定を中心とすること（障害

者権利条約第12条に対して）

④　精神科病院の強制入院・長期入院の廃止に向けた法律の見直しをすること（障害者権利条約第14条に対して）

⑤　旧優生保護法下での人権侵害（障害者権利条約第17条に対して）

⑥　地域で暮らす権利や地域移行に関する法律がない，地域社会支援サービスの不足，地域移行が進まないこと（障害者権利条約第19条に対して）

⑦　インクルーシブ教育推進のための方策が必要であること，環境整備（アクセシビリティの確保），合理的配慮の必要性，手話言語と教育の保障，視覚・聴覚障害者の教育権の保障，高等教育への入学保障（障害者権利条約第24条に対して）

⑧　労働市場における通勤中の移動介助・職場介助の保障，就労の場での障害者差別の禁止，福祉的就労の場の確保，障害者雇用のダブルカウントに関する課題（障害者権利条約第27条に対して）

⑨　権利条約の実施と監視に必要なデータの不在（障害に関する統計データがほとんどない）（障害者権利条約第31条に対して）

⑩　独立した人権機関の創設と立法府・司法府を含む監視体制の必要性，障害者政策委員会の独立性と機能の強化，地方自治体における監視体制の必要性，条約監視と障害者団体や市民社会の関与の必要性（障害者権利条約第33条に対して）

2003（平成15）年，障害者福祉サービスに契約制度が導入されて以降，法制度に障害者の自己決定の考えが盛り込まれてきた。また，施設ではなく，地域生活重視へと変化しつつある。さらに，2021（令和３）年，「障害者差別解消法」が改正され，国及び地方公共団体の連携協力の責務，事業者による社会的障壁の除去の実施に係る必要かつ合理的な配慮の提供の義務化，障害を理由とする差別を解消するための支援措置の強化が強調された[(3)]。このように，障害者の権利保障や地域での生活を保障するよう政府の動向も変化しつつある。しかし，報告内容からも課題が多く残されていることがわかる。

（２）共生社会の実現をめざして

今日，障害当事者たちの働きかけもあり，以前よりは当事者の「声」を聴く機会は増えた。日本の障害者福祉施策も当事者たちの働きかけや国際的な動向の流れのなかで，少しずつではあるが変化しつつある。しかし，前項で述べたように，いまだ続く虐待や差別，障害女性の権利侵害，精神障害者に対する強制的な治療や隔離，障害者だけではなくその家族までも排除されるなど課題は多い。また，地域生活を送るうえで，サービスの不十分さがあり，利用者主体とはほど遠い現実もある。

では，障害者を排除しない，共生社会を実現していくためには何が必要なのだろうか。私たちが障害者を「かわいそうな存在」とみなしていないことが，ひとつ，この問いに対する鍵となると思われる。

つまり，障害者を保護の対象とみなし支援者が勝手に決めてしまうのではなく，彼らが主役であり，生活者として捉える視点が必要である。「私たちのことを私たち抜きで決めないで（Nothing About Us Without Us）」とは障害者権利条約の策定過程で掲げられたスローガンである。障害当事者の人生を専門職や家族が勝手に決めるのではなく，当事者を排除しないことが求められる。そのためには，障害当事者の「声」を聴くことが必要である。重度といわれる障害者であっても，障害のない人以上に感じ，考えているものである。最初から何もできないから参加させないと決めつけるのではなく，当事者の意思を確認し，社会参加の機会を増やしていくことが求められる。

世界各国では，障害者の社会参加の実現に向けたさまざまな取り組みもある。スウェーデンでは，障害者を積極的に雇用して就労の保障をしたり，さまざまな日中活動の場を提供したりしている。そして障害者が政策に参加し，当事者の声を反映させた法律をつくるなど多領域で社会参加の取り組みがみられる。また，障害者の意思を確認するためコミュニケーション・ツールの開発や障害者自身が日常生活を送れるように福祉機器の開発など研究開発も進んでいる。そして政策や社会の障害観を変えるために，当事者自身も日々活動を続けている。その活動のなかで勝ちとってきた権利もある[(4)]。

私たちは，世界の動向もみすえながら，日本を外からみる視点をもつことも必要不可欠なのである。そして，障害者権利条約が反映されているか私たち自身も注視していかなければならない。共生社会を実現していくために，当事者とともに社会を変革していくことが重要なのである。

注

⑴ 長瀬修（2021）「日本の初回審査とパラレルレポート」『新ノーマライゼーション』2021年6月号，2～3頁。

⑵ 佐藤聡（2021）「JDF 総括所見用パラレルレポートについて」『新ノーマライゼーション』2021年6月号，5～10頁参照。なお，日本障害フォーラムは，「アジア太平洋障害者の十年」及び日本の障害者施策を推進するとともに，障害のある人の権利を推進することを目的に，障害者団体を中心に設立されており，障害者権利条約の推進など国内外に目を向けながら障害者施策の推進に取り組んでいる。日本障害フォーラムウェブサイト参照（https://www.normanet.ne.jp/~jdf/index.html 2021年12月20日閲覧）。

⑶ 内閣府（2021）「第204回　通常国会　障害を理由とする差別の解消の推進に関する法律の一部を改正する法律案」（https://www.cao.go.jp/houan/204/index.html 2021年12月6日閲覧）。

⑷ 清原舞（2020）『スウェーデンにおける障害者の生活保障――政策・運動・実践』生活書院，162～175頁。

学習課題

① 調べたい国をひとつ取りあげ，障害者はどのような生活をしているのか調べてみよう。

② 日本と比較してみて，気づいたことをまとめてみよう。

あとがき

私たちの暮らす社会には，どのような人々がいるだろうか。年齢，性別，職業，住居等々，さまざまな切り口から説明することができる。障害の有無もそのひとつである。

しかし一口に障害といってもその中身は多様である。たとえば，同じ身体障害に分類されるといっても視覚障害と聴覚障害で異なる。さらに，同じ視覚障害であっても視力障害と視野障害では異なり，視力障害でも弱視と全盲では異なる。このように，障害の内容は多岐にわたるため，それぞれの障害特性を理解することが必要である。ただし，障害特性が理解できれば障害者支援が行えるかというと，そうではない。

障害特性の理解に加え，重要なのは，一人ひとりを理解することである。なぜならば，障害は人を説明するひとつの「要素」であって，「人」そのものではないからである。これまでどのような生活を送ってきたのか，身についているスキルや好きなこと，得意なことは何か，現在，どのような環境で生活しているのか，これからの夢や目標は何かなどを理解することが必要である。つまり，ストレングスに加え取り巻く環境にも目を向け，これまでの生活をふまえて現在を捉え，未来を当事者とともに考えていくことが求められる。

そして，未来を当事者とともに考えていく際には法制度の知識が必要である。夢や目標を実現するための選択肢や方策を具体的に提示することも，ソーシャルワーカーの役割である。

本書では，障害者福祉を学ぶにあたって，障害の理解に加え，障害者支援を行ううえで重要な視点や法制度のポイントをわかりやすく示している。本書がソーシャルワーカーをめざす皆さんにとって，学習の一助となれば幸いである。

2022年11月

編　者

さくいん

（＊は人名）

監修者紹介

杉本　敏夫（すぎもと・としお）

現　在　関西福祉科学大学名誉教授

主　著　『新社会福祉方法原論』（共著）ミネルヴァ書房，1996年
『高齢者福祉とソーシャルワーク』（監訳）晃洋書房，2012年
『社会福祉概論（第３版）』（共編著）勁草書房，2014年

執筆者紹介（執筆順，＊印は編者）

＊柿木（かきぎ）　志津江（しづえ）（プロローグ，第４章）
編著者紹介参照

酒井（さかい）　美和（みわ）（第１章）
立正大学社会福祉学部助教

＊清原（きよはら）　舞（まい）（第２章，エピローグ）
編著者紹介参照

竹中（たけなか）　理香（りか）（第３章）
川崎医療福祉大学医療福祉学部准教授

白神（しらが）　晃子（あきこ）（第５章）
立正大学社会福祉学部准教授

下田（しもだ）　茜（あかね）（第６章）
川崎医療福祉大学医療福祉学部講師

小出（こいで）　享一（きょういち）（第７章）
居住支援法人株式会社居場所，指定特定相談支援事業所いっけんや，兵庫大学非常勤講師

齊藤（さいとう）　隆之（たかゆき）（第８章）
福島学院大学福祉学部准教授

井土（いど）　睦雄（むつお）（第９章）
神戸医療未来大学教授

田家（たや）　英二（えいじ）（第10章）
茨城キリスト教大学生活科学部講師

呉（オ）　恩恵（ウンヘ）（第11章）
茨城キリスト教大学生活科学部助教

編著者紹介

柿木　志津江（かきぎ・しづえ）

現　在　関西福祉科学大学社会福祉学部准教授

主　著　『ソーシャルワーク実習ハンドブック』（共編著）ミネルヴァ書房，2022年
『障害者福祉論——障害者ソーシャルワークと障害者総合支援法』（共著）みらい，2021年

清原　　舞（きよはら・まい）

現　在　茨城キリスト教大学生活科学部講師

主　著　『スウェーデンにおける障害者の生活保障——政策・運動・実践』（単著）生活書院，2020年
『障害者福祉論』（共著）ミネルヴァ書房，2016年

最新・はじめて学ぶ社会福祉⑮
障害者福祉

2023年 1 月31日　初版第 1 刷発行　〈検印省略〉

定価はカバーに
表示しています

監修者　杉　本　敏　夫
編著者　柿　木　志津江
　　　　清　原　　　舞
発行者　杉　田　啓　三
印刷者　坂　本　喜　杏

発行所　株式会社　ミネルヴァ書房
607-8494　京都市山科区日ノ岡堤谷町 1
電話代表　(075)581-5191
振替口座　01020-0-8076

冨山房インターナショナル・藤沢製本

ISBN 978-4-623-09504-9

Printed in Japan